最陌生的鄰居：韓國

楊智強・著

目錄

Ch3

你所不知道的「地獄朝鮮」

Ch4

猜不透的神祕國度——北韓

目錄

Ch6

飄泊在歷史洪流裡的無根民族「韓國華僑」

獨立記者楊智強眼中的真實韓國

陳慶德（韓國社會文化專家，《再寫韓國》、《他人即地獄：韓國人寂靜的自殺》作者）

台灣獨立記者楊智強先生，是我認識多年的好友，於公除了佩服他屢次親上「火線」，到世界各國親歷現場採訪的精神外（每次他的出外，總讓我擔心傳幾封短訊，提醒他是否太過深入他國危險的「軍事區」），於私彼此在國內相聚，小酌幾杯時，總會交流起互相的國外觀察。今日，智強出版他的採訪集《最陌生的鄰居：韓國》一書，著實替他開心，一方面他把近幾年最精華的駐韓報導，以口語文字與親身拍攝的照片呈現給國內讀者；二方面在這本小書內，智強提供另外一種寫作與觀看韓國的方式；甚者，三方面，也是最令我激賞的部分，即是試圖在我們認知的「客觀」採訪文集內，智強還提供出「反思」台灣處境的提問。

綜觀此書，除了圖文並茂之外——從智強駐韓報導之初，便親身參與了韓國非政府組織「參與連帶」（참여연대，NGO團體），在第一線現場採訪了許多韓國當地重要議題，諸如書內所提到的，早從盧武鉉政府的濟州島興建美軍海軍基地政策、到李明博政府爆發的韓美自由貿易協定（FTA）抗議事件，再到朴槿惠政府所發生的世越號船難、亂權和閨蜜事件所引發韓國國民抗議的燭火集會，以及參與光州五一八

事件紀念會等——智強憑著記者的直覺，以精準的眼光選擇議題，親身到當地現場採訪。

儘管這些事件，台灣許多讀者大多熟知，但是透過這本採訪集，我相信讀者們閱讀完後，一定能體會會異於之前，我們大多透過網路平台，瀏覽快速搶先獨家的新聞之感，更能進一步地，重新回味省思這幾樁，當初發生在韓國社會重大事件的歷史意義。

再者，收集成書的《最陌生的鄰居：韓國》採訪集，書內文字以生動、口語為主，出現的受訪人物眾多，諸如智強在韓國劇場篇，採訪了街頭表演者李尚，又探討韓國人在台灣開設咖啡廳，卻遭「友善」台灣人歧視的傑米辛酸談，抑或在二〇一三年世界棒球經典賽台韓之戰，第八局中華隊遭韓國隊逆轉，因而受到波及的泰衡等人，於書內都跟智強有段極為精彩、令人回味再三的對話；同時，智強也盡可能地，以與主題文字相輔，適當份量的當地統計數據，四平八穩地呈現出他所觀察到的真實韓國現況，讓人閱讀起來，不似之前瑣碎、片段與單篇的新聞報導，是一本隨著智強的眼光、採訪腳步前進的圖文書，令人情趣橫生津津有味。

三者，在這本以「書」形式呈現的採訪集內，智強也跳脫出報導客觀事實的記者身份，以一位熱愛台灣的「記錄者」、「反思者」，藉由他在國外所看到的他國事件、

他國政府如何處理當下社會危機來重新反思台灣。諸如智強在書內其中一篇，曾探討到「為何韓國反日情緒根深蒂固，然而台灣卻是如此喜愛日本」，分別從兩國主權角度——韓國「獨島」與日本「竹島」之爭，再度反思到台灣與日本的釣魚台主權；再從書籍編纂角度——韓國有《親日人民辭典》（친일인명사전）記載了日本殖民朝鮮半島的「韓奸」，來反省目前台灣幾乎全面傾向友好的日本情結；以及，從韓國政府抵抗日本文化輸入到國內（韓國政府自二戰後，禁止日本文化輸入到韓國長達五十三年，直到金大中總統於一九九八年撤銷禁令，此時日本文化才有機會慢慢輸入到韓國境內），反思到台灣全盤接受日本文化輸入、文化殖民等現況；以及，最受到國際矚目，同時也是韓國當地多年來，一直要跟日本爭個「公道」的慰安婦事件——韓國有為數不少的和平少女銅像，記錄當年被押去「慰軍」的朝鮮婦女，甚至近幾年來，韓國除了史實紀錄片之外，也拍攝出不少慰安婦議題的大眾影集，如《雪地裡的擁抱》（二〇一五年）、《鬼鄉》（二〇一六年），以及《花漾奶奶秀英文》（二〇一八年）等，那麼，台灣呢？就像智強於此文文末所說與提問的：**「台日之間的糾紛是釣魚台列嶼（日稱尖閣諸島），韓日之間則是獨島（日稱竹島）。這幾個島嶼一直是台日韓三邊的民族主義者樂於炒作的話題，至今也是一個無解的議題⋯（⋯）⋯台灣就算是在領土紛爭上，也沒有像韓國一樣對日本同仇敵愾。⋯（⋯）⋯甚至就算是對歷史有**

一定程度研究的韓國人，也因為自己反日的心理，對台灣親日的態度感到無法理解。」

從這個角度而言，這本書不僅僅是一位辛苦出外，到國際事件現場、親上火線的獨立記者的韓國採訪集，甚至是一位身在國外的台灣遊子，熱愛台灣這塊土地、這個國家的記者「評論集」呢。

如今，台灣坊間書寫韓國社會、政治、文化、經濟與大眾文化之風漸長，我也樂見之。然而，良莠不齊的報導，抑或第二手資料的浮誇濫用之況，以及現今讀者閱讀習慣的改變，透過一篇短短不到兩千字的網路文章，想要認識一個國家、事件、現象著實不易，往往也就造成國內讀者知韓不易，有些文章成為鄉民口中的「內容農場」，甚者這些劣文，還引起國內民眾「情緒」上的哈韓反韓迷韓恨韓等反應。

智強這本《最陌生的鄰居：韓國》，是一本現今台灣坊間難見，親身深入韓國當地，採訪社會重大事件的圖文評論集，因此，適逢智強先生出版此書，敝人在此沾光與有榮焉地，誠懇推薦給各位。

二〇一八年六月　戊戌年

從社會運動認識韓國

「決死反對！」、「2MB（李明博）政府！退回韓美FTA！」二〇一一年十一月的一個晚上，我跟著韓國的非政府組織「參與連帶」（참여연대）的工作人員前往首爾明洞的集會抗議現場，觀察韓國民眾對於國會強行通過韓美自由貿易協定（FTA）的反應。

在首爾寒冷的冬天裡，明洞街上除了跟議題有切身關係的農民與工人上街抗議之外，學生還有中產階級也佔抗議人潮中的相當多數。大家不畏天寒地凍站在街上怒吼，就是希望表達自己對於政府閃電通過協議的不滿。越來越多人聚集之後，警察們也還以顏色，從卡車上噴出冷水以及催淚瓦斯。霎時間，人群驚惶逃跑。但站在我身旁、身穿高中制服的兩位女學生卻手臂挽在一起，堅決地向全副武裝、黑壓壓一片的鎮暴警察走去。最後，韓美FTA仍然在李明博政府的護航下，開始實施。

過了幾年，韓國再度爆發群眾示威，而這次的規模遠大於二〇一一年的韓美FTA抗議、甚至多過韓國歷史上的任何一次示威。他們這次抗爭的對象是繼李明博之後，保守黨的另一位國家領袖，獨裁者朴正熙的女兒朴槿惠。

經過幾個月人民的街頭燭光示威後，在二〇一七年三月十日，韓國憲法法庭裡八位法官一致認同彈劾通過，讓朴槿惠成為韓國歷史上第一位遭到成功彈劾的總統。韓國民眾的力量，連全國最有權力的人也可能被拉下台。

在參與連帶工作的期間，雖然我在組織裡屬於「和平與裁軍」部門，但常常必須去支援其他部門如「民生經濟」、「立法監督」等，所以幾乎每週都會跟同事到首爾的示威地點「大漢門」參加集會。而不同議題的示威就會有不同的面貌：有時候人們手裡拿著蠟燭跟著舞台上的歌手唱起〈光州進行曲〉；有時候工人聯盟怒氣沖沖跟警察互罵；有時候看到一家大小坐在地毯上和樂地吃著晚餐；有時候也有情侶檔手中拿著抗議標語、默默地靠在一起。

在這段時間裡，跑了韓國不少地方。參加了光州五一八事件的紀念會、看過濟州島四三屠殺的紀錄片、在江陵海灘跟朋友討論獨島議題，或是近距離觀察韓國學生在街上進行反日活動。當然，也曾在首爾街頭跟朋友一起狂飲韓式燒酒與小米酒，或是和同事們在傳統市場裡討論韓國電影的精彩情節，以及辯論兩岸與兩韓之間的異同。

各種面貌的韓國，著實讓我驚艷。

因為參與連帶是常上街頭的NGO，讓我可以比一般台灣人更近距離地了解韓國社會中大大小小的問題與困難。並且在這些近距離的觀察中，感受到韓國人較不為人知的一面。而台灣對於韓國的陌生，也讓我有了撰寫這本書的動機。

對韓國認識甚淺的台灣

韓國、南韓、大韓民國，甚至北韓所稱的南朝鮮，都是對這個朝鮮半島北緯三十八度線以南的國家的稱呼。而台灣對韓國的印象，從早期「反共前線」、「兄弟之邦」與「同為冷戰下產物」，一直到近期轉變為「少女時代」、「整形」以及「把台灣擠到亞洲四小龍末端的國家」。台灣跟韓國的關係也從一九九二年斷交以來的互相漠視，到近十年來民間交流增溫，兩國無論社會或政府之間的互動都漸趨頻繁。

不過，因為斷交所留下來的齟齬不合，讓台韓兩邊有將近二十年幾乎沒有往來紀錄，並且讓兩國無論是民間或是政府之間的認識，和其鄰國相比遠遠不足。這個曾經互稱為兄弟之邦的國家，居然跟台灣如此疏離，甚至在近幾年來因為幾起運動賽事糾紛，在台灣掀起「反韓風潮」，讓原本就對韓國沒有太多認識的台灣社會，出現一股非理性的國族主義。另外，再加上最近韓國文化輸出的強勢，讓台灣社會出現不少「哈韓族」，對於韓國的情感變得越發極端。

無論是國族主義式的反韓還是偶像崇拜式的哈韓，其實大多都是因為對這個鄰居沒有深入認識才會出現的狀況。

常常有人會說台灣跟韓國因為冷戰的關係，有著相似背景，但其實兩國的發展早已因時空變化的不同，各自踏上不同的道路。無論是韓國還是台灣，對於彼此的了解仍相當淺薄，且因為某些時空背景與政治因素，讓雙方成了漠視對方的鄰居。尤其在各種刻板印象的催化下，兩國的誤會無法化解、甚至漸漸加深，這樣的發展令人惋惜。

《最陌生的鄰居：韓國》一書，就是希望可以透過親歷現場採訪的方式，將第一手的故事帶回來，讓台灣人看到韓國更多不為人知的一面，程度上地消弭歧見！

最後，非常感謝當時在 SOSreader 上贊助「最陌生的鄰居：韓國」的讀者們，沒有你們的支持，這個寫作計畫無法付諸實行，萬分感謝。

Ch 1

台灣 vs. 韓國！

「好想贏韓國」的情緒泥淖

台灣對韓國的了解普遍不外乎就是三星、LG、少女時代，還有各式各樣的韓劇。又或者很直觀地認為韓國人不斷刻意打壓台灣，在商業上排擠台灣產業，對台灣人不懷好意等等。但若仔細想一想，一個離我們這麼近的國家，我們卻只有非常片面的了解，加上媒體的刻意操弄與推波助瀾，台灣人是不是很容易就會陷入「韓國都能，台灣應該也要能」的框架裡呢？

反韓仇韓！在台韓國人：「台灣人友善好客，但其實心裡不喜歡你」

台灣社會在近幾年來，不斷重複的「溫故知新課程」：台灣曾是亞洲四小龍的龍頭，韓國只是龍尾。但沒想到這個小老弟居然在這幾年來將台灣遠遠甩在後頭，讓一直有優越心態的台灣人，感到不是滋味。再加上各種媒體炒作，還有一直以「韓國行、為什麼台灣不行」的意識形態來報導新聞，讓台灣對韓國的敵我意識越來越濃，也漸漸出現了新興的反韓風潮。

但眼光一直投向日本、中國的韓國人，對台灣反韓風潮有什麼看法呢？他們知道台灣這個島嶼上有反韓的風潮嗎？

韓國人在台開店遭歧視：「台灣人很友善，但其實真心不喜歡你。」

夏日午後，濃濃的咖啡香氣陣陣飄來，傑米俐落地搖晃著咖啡機上的手把，精準調整角度及份量。幾分鐘過後，一杯混合著榛果香味的咖啡擺在我面前，為這一次的訪談打開了話匣子。

「怎麼樣？還不錯吧？這是我在紐西蘭留學時學到的技術，現在我想將這些技術帶來台灣，讓台灣人嚐嚐韓國人煮的咖啡。」傑米是一位從高中開始就在紐西蘭生活的韓國人，在當地打滾十幾年，流利的英文讓他身上的韓國氣息混雜著些許洋派的味道，感覺比一般韓國人還要好親近。

「雖然台灣人都很友善，也非常好客，但是他們其實是從心裡不喜歡你。」

傑米語重心長地跟我說了這句話。他跟我說，其實在開咖啡廳之前，就已經做過不少小生意，像是韓式便當外送或是韓國料理餐廳等，但最後還是回到開咖啡廳一職，因為這才是他自己的最愛。在這些過程中，他曾經遇過不少挫折，尤其是台灣人反韓的情緒，讓他吃了不少苦頭。

「台灣人的咖啡工會擺明不喜歡我，不讓我加入。所以我在這裡只能加入韓國人的互助商會，他們都很幫忙，讓我輕鬆不少。」在那次的訪談之後，傑米因為跟攤位承租公司有合約上的糾紛，找我聊了幾次天，再次跟我大吐苦水。

「你知道嗎？他們根本是有種族歧視，跟我槓上的那個人，我有耳聞到其他人說，他因為不喜歡韓國人，所以才會處處針對我，讓我現在不得不關掉我的咖啡廳。」

傑米因為跟承包商的合約喬不攏，再加上雙方有了幾次口角，最後越鬧越大，讓傑米找上各大媒體，希望將自己受到的待遇在電視上曝光。雖然有一兩家電視台報導了相關新聞，但最後還是不了了之，傑米只能將店面關掉，把自己的轎車打造成移動式咖啡攤販，轉戰其他地方。

當傑米很直截了當地跟我說了這樣的狀況後，我反問他：「既然台灣這麼不喜歡韓國人，那為什麼還繼續留在這裡呢？」傑米臉上浮現他一貫的笑容跟我說：「唉！沒辦法，因為我老婆是台灣人，而且，台灣人也不是全部都這樣，只不過是有一些極端的案例罷了。跟韓國紐西蘭比起來，台灣的人情味很濃厚，我剛過來的時候還是有不少人熱心幫忙，其實是一個很棒的地方。」

在台灣長達十年的韓文老師怎麼看?

除了傑米之外，我也訪問了一位在台灣長住將近十年的韓文老師，而她對台灣人反韓的風氣，又是以另外一種態度看待。

金綠色的妹妹頭，加上一身韓裝流行打扮，向我走過來並揮了揮手：「嘿！好久不見啊！我們去星巴克邊喝咖啡邊聊吧？」吉老師是我在台灣斷斷續續學習韓文多年的老師，她已經到台灣將近十年，在台灣的大學拿到新聞學碩士後，繼續攻讀她的博士學位。另外，她也在韓文補習班兼職教授韓語，每天都會接觸各式各樣前來學習韓文的台灣人，讓她對台灣的人、事、物有不少想法。

在我們點完飲料，找了一個舒服的位子坐下後，我問了幾個比較軟性的問題，吉老師也漸漸舒緩原本緊張的心情，我看機不可失，慢慢地把談論的話題帶向比較尖銳的議題。

「妳知道台灣有人不喜歡韓國嗎？」

吉老師忽然被我這樣一問，看起來有點驚訝，但還是笑笑地回答我說：「我就知道你會問這個問題，我早就有心理準備了。」

她拿起沉重的咖啡杯，輕輕抿了一下馬克杯的杯緣，慢慢吐出她的想法：「其實我滿常被誤認為是日本人，但我都會跟他們說我是韓國人，然後他們的態度就會馬上改變，變得不理你。」

「真的嗎？那妳有遇過什麼被歧視的案例嗎？」

「其實我自己是沒有遇到過，但我記得在幾年前，跆拳道事件發生的時候，有在台灣的韓國學生被打，也有韓文老師在便利商店被打，而且滿嚴重的耶！」

吉老師皺著眉頭繼續說：「有時候台灣跟韓國關係不好的時候，我會盡量不要在公眾場合說韓文，避免不必要的紛爭。」

「那妳在那一段時間出門會特別小心嗎？」

「其實不會那麼小心啦，那時候我自己也滿生氣的，但台灣人也只有在那時候會反應很激烈，其實過一兩天就沒事了。」

「那妳覺得台灣反韓的狀況會一直持續下去嗎？」

吉老師看了我一眼，慢慢地點了點頭跟我說：「我覺得會耶，因為第一，韓國跟台灣斷交的事情還沒有被忘記。第二，以前台灣的經濟比韓國好，現在韓國超過台灣了，所以才會這樣，應該還會再持續一段時間吧。」

我點了點頭繼續追問：「那妳覺得這樣的狀況是只有發生在年輕人之間嗎？台灣老一輩的人有沒有這樣的反應呢？」

吉老師回答：「有喔，年輕人有，老年人也有耶。因為有不少老一輩的人都很喜歡日本，所以對韓國沒有什麼好印象。以前我認識一位姐姐，她在台灣讀書的時候發生過一位教授當面跟她說：『我不喜歡韓國人，請妳不要來上我的課。』」

我聽到吉老師的這一番話，驚訝地下巴都要掉下來了。「真的假的？這麼直接？這樣沒有侵犯人權什麼的嗎？」

吉老師露出無奈的表情：「對啊，那位教授就是那種很喜歡日本的台灣人，沒辦法。」

反韓情緒的巔峰：運動賽事「好想贏韓國啊！」

在吉老師和我分享了她對台灣人反韓情緒的想法和經驗之後，後來的幾位受訪者中，也有不少案例表示台灣人反韓的情緒逐漸增長，而從電視和媒體等媒介也可以看到，操弄雙方意識形態的案例漸漸增加。但最常見的，還是在兩國的運動賽事上，尤其是台灣認為是國球的棒球殿堂，兩國之間有摩擦的消息不斷傳出。

其實，台灣人對韓國的「恨意」，除了商場上的競爭外，有很大一部分的原因是來自於運動賽事間的齟齬。在二〇一三年世界棒球經典賽中，台灣是四個共同主辦國之一，因此台中洲際棒球場也是讓世界好手前來比賽的場地之一。在爭搶前往東京決賽門票的分組賽中，中華隊與韓國代表隊這兩支世仇隊伍最後還是碰上了，中華隊一直到七局前都以兩分領先韓國隊，但就在八局下被轟出一支三分全壘打，硬生生被逆轉，最終以三比二敗給南韓。雖然中華隊還是因為「對戰優質率」高於南韓隊，成功晉級前八強，但在結果出來後，台灣的棒球迷都紛紛上網發表感到可惜的言論。當時的轉播球評徐展元還因此落淚，甚至大喊「好想贏韓國啊！」而當紅樂團五月天團員瑪莎也在臉書貼上歌曲〈輸了你贏了世界又如何〉，讓大批網友按讚留言，引起迴響。

《京鄉日報》報導台灣二〇一二年的大選。

明洞商街上店家外掛著台灣國旗。

從這個例子可以看出來，台灣人對韓國棒球隊有特殊的情感，無論是否會進入決賽，都想要贏南韓隊。這當然不是一天兩天產生的現象，而是經過一段時間的累積，才漸漸有了這樣的想法。另外，這種狀況也讓台灣產生越來越多的仇韓人士，甚至還有不少攻擊韓國人的言語及新聞出現在台灣社會中。

一頭捲髮，戴著黑框眼鏡的泰衡向我走過來用韓文的敬語對我說：「不好意思讓您等這麼久。」

「不會，不會，請坐。」

一臉斯文的泰衡放下後背包後，整理一下儀容，開始閱讀我為他準備的訪問稿，並且若有所思地整理自己的思緒。泰衡是一位在政治大學就讀的大學生，並且已在韓國服過兩年兵役，和一般台灣大學生臉上帶有稚氣的樣子完全不同。

當我問到泰衡知不知道台灣的棒球隊時，泰衡揮舞著雙手，表情略帶興奮地跟我說：「當然知道啊，你記得嗎？二〇一三年的那場世界棒球經典賽，台灣對韓國的那場，我有到現場去看耶。」

「真的假的？那不是很危險嗎？你有沒有遇到什麼不好的事情呢？」

泰衡皺了皺眉頭跟我說，現場的台灣人對他們用盡一切言語侮辱，甚至還以暴力威脅。雖然他不是自己一個人，但還是可以感受到現場一觸即發的緊繃感。

「他們罵我們，我們其實也罵回去，很刺激，但還是滿恐怖的。」

我驚訝地反問他：「你不會害怕嗎？那邊都是台灣人耶，不怕被打嗎？」

他一副理所當然地回答：「當然會有點怕啊，但這是我們國家的事情，沒辦法。」

泰衡帶著驕傲地說，其實他可以理解台灣人這樣的反應，他說他相信在韓國也會有一樣的狀況發生，說不定還會更極端。

在我聽完泰衡的這段經歷之後，完全感受到了韓國人的火爆及民族性。在別人家的地盤上居然還敢和對方互罵，真的是非常大膽，若是同樣的狀況在韓國，我大概只敢在家裡大吼大叫吧！到了全部都是韓國人的球場，我想，我應該還是只會默默當個小中華隊球迷。

台灣人不太會喝？
貪杯的韓國人遇上不嗜酒的台灣人

包廂內天花板的七彩燈不斷轉動，桌上一排啤酒杯整齊地靠在一起，每個杯子上方還各擺了一雙韓國特有的鐵筷，兩支筷子的寬度剛好可以放上一個專門喝韓國燒酒的小型酒杯。電影男主角坐在沙發上，戲劇化地向對面的長輩，以鏗鏘有力的音量喊一聲「忠誠」後，前額直接往桌面撞下，桌子震動的力道剛好讓啤酒杯上、裝滿燒酒的小杯子全部一起落入啤酒杯中，韓國特有的混酒「燒麥」（소맥）製作完成。

這是韓國電影《不當交易》（부당거래）中的情節，在不少韓國電影或電視劇裡，常常可以看到男女主角會在家裡叫外賣炸雞配啤酒（치맥）喝，或是到各式各樣不同的小吃攤及酒吧喝酒。除了男性之間不時來個幾杯之外，也可以看到三三兩兩的韓國女性坐在一起，大啖五花肉配燒麥。

其實在東亞幾個國家裡，韓國跟日本都有相當活躍的飲酒文化。上班族下班之後，除了有公司聚餐必須參加之外，有的時候自己也會到居酒屋或是「布帳馬車」（포장마차）[1]去喝一杯，舒緩工作上的壓力。而大陸人則是偏好濃烈的白酒，拚酒文化更是顯著。但是台灣這個寶島，平均相較之下，飲酒文化就沒有這麼普遍了。

台韓飲酒文化差異大？韓國人：「台灣人都不喝酒……」

台灣的飲酒文化和韓國差異頗大，尤其是對在台灣居住的韓國人來說，非常不習慣。在台灣已經居住將近十年的吉老師，在接受採訪時對這個議題反應相當激烈。「對啊！台灣人都不喝酒！不然就是只喝一杯兩杯，生活真的太健康了。」一半開玩笑的吉老師笑笑地說：「我覺得台灣的酒比韓國貴，所以學生都喝不起。台灣的學生通常只能在便利商店買酒，都沒有什麼可以讓同學們聚在一起喝酒聊天的店，我剛來的時候還有點不習慣。」

其實在發問之前，就已經預料到吉老師會有如此反應。我也提供了一些自己的經驗與吉老師討論：「對啊！我在韓國的那一年裡住在新村，你也知道，那附近很多大學，常常會看到學生們聚集在一起喝酒聊天。有時候也會看到女生三三兩兩一起喝酒聊天，在台灣真的比較少見。」

吉老師補充說：「韓國的飲酒文化非常普遍，在便利商店購買一瓶韓國燒酒大概不到五十元台幣（一、兩千韓圜）。而且燒酒含有百分之二十的酒精濃度，一般人只要喝個兩瓶，就會醉得不省人事。」

對於在台灣居住已久的韓國人來說，可能久了就會漸漸習慣台灣與韓國飲酒文化的差別；但是，對於來讀書或是短時間打工度假的學生而言，衝擊相對就比較大。「台灣人根本不喝酒的！」來台灣打工度假一年的汀民表情誇張地說：「男生都只喝一兩瓶，女生就根本不喝，跟韓國比起來太不一樣了！」在台灣社會中，喝酒通常會被歸類為「不好的」、「不得不才喝」（交際應酬等）。雖然在韓國，酗酒也被歸類於負面行為，但是社會上對飲酒的包容力相對來得高，有時甚至還會被歸類為男子氣概的象徵，讓韓國無論男女對喝酒都有一定程度的喜愛。

在台北藝術大學讀碩士的李寶蘭聽到我問這個問題，迫不及待地說：「對啊！因為我也是很喜歡喝酒的人，所以我真的嚇了一大跳，沒想到台灣人的喝酒文化這麼保守。」李寶蘭完全沒有隱藏地說出自己喜歡喝酒時，其實就顯示了台灣與韓國的差別。

在台灣會如此坦率說出自己愛喝酒的人相當少，除了本來就不多人有貪杯的習慣之外，也會下意識害怕對方將自己歸類為酒鬼，所以不會大方承認。李寶蘭也跟我分享，她這個愛喝酒的韓國人在台灣如何生存：「因為台灣真的沒有什麼地方可以喝酒，所以我都跟朋友在便利商店外面喝。雖然通常都是喝啤酒，但是真的沒什麼錢的時候，我們會買高粱配一些果汁來喝，這樣比較便宜嘛～」

韓國「會食」文化：不得不參加的職場應酬

看到這裡你可能會說，但是在台灣的公司上班，不時還是要被找去跟客戶應酬交際，還是會喝點酒啊！但其實，跟韓國職場生活中的「會食」（회식）文化相比，台灣的應酬文化相對健康許多。韓國的公司除了因為拚個人業績，需要跟客戶喝酒應酬外，為了凝聚公司團隊向心力，在下班之後常常會有聚餐。

而會食通常都會有一、二、三甚至第四、五次續攤。第一攤就是大家一起在餐廳吃飯喝酒，第二攤可能會去小酒館繼續聊天喝酒，第三攤到小吃攤吃點東西，然後第四攤大家開始有了醉意後，就會跑去類似台灣ＫＴＶ的練歌房（노래방）唱個一兩個小時。通常會食到這個時候就會結束，但還是因人而異，還站著的人說不定會挺進第五攤，到夜店跳舞狂歡，第二天再到公司上班，而且這樣的狀況是不分男女。參加會食通常都帶著強烈的同儕壓力，除非有非常要緊的事（小孩出生或親人生病等級的大事才可），不然很難拒絕參加，否則會被認為是不合群或是奇怪的人。

在台灣已經居住多年，並且開了一家ＩＴ產業相關公司的漢斗，對台灣與韓國公司喝酒習慣的不同有相當大的感觸。「雖然台灣跟韓國比起來，不怎麼喝酒，但是在不同的產業裡，你可以看到不同的狀況。在台灣的ＩＴ產業，他們都不怎麼喜歡喝酒，但是如果你跟台灣的電信業者談生意，你就要準備喝一些酒了。台灣ＩＴ產業的人通常都是跟你吃吃飯、順便聊公事，有時候喝一點點，然後就會跟你說：『喔，我等等要開車，所以不能喝酒。』」另外一位在台灣完成學歷後進入台灣公司工作的肯尼也曾跟我說，在台灣工作不怎麼需要跟公司的人喝酒，只有在跟客戶應酬的時候才有這個需要。

韓國人愛喝酒的文化甚至還有數據可以佐證。一本酒類專業雜誌「Drinks International」在二〇一二年曾經統計過，韓國的燒酒銷售率是世界上蒸餾酒銷售率的第一名，真露牌燒酒以每年賣出六千一百三十八萬箱穩居榜首，遠遠高過第二名兩千四百七十萬箱的斯美諾伏特加，第三名甚至也被韓國樂天集團出產的燒酒以兩千三百九十萬箱奪去，由此可見韓國人對酒的愛好。

「跟你不熟，所以不跟你喝」VS.「就因為不熟，所以跟你多喝」

當然，台灣跟韓國兩地的飲酒文化不是一天兩天才形成的，都是經過日積月累才慢慢成形。而其中，台灣人對於喝酒的態度與韓國人又有很大不同，一位長期觀察台灣社會現象的韓國盧記者曾對我說：「其實在台灣滿難交到好朋友，台灣男生說好聽是很溫和，說不好聽其實是冷漠。因為台灣飲酒的文化跟韓國真的差太多，所以更難跟台灣男生親近。跟台灣人喝酒，通常第一次都不會喝得很開心。都要出來喝很多次之後，才會變得比較熟。」

盧記者看我好像似懂非懂，又進一步解釋：「若是跟一群陌生人或是不熟的人喝

韓國各地都可以看到不同類型的聚會飲酒場所。

酒，台灣人的態度比較像是『我跟你不熟，所以不跟你喝』；但是如果是韓國人，就會是『因為我跟你不熟，所以我們要多喝幾杯，相互認識多一點』，是兩種完全不同的文化。」

我還在韓國工作時，一位大哥曾跟我說，韓國人愛喝酒是因為他們將酒看作一種促進人際關係的「工具」。因為一些比較害羞寡言的人在黃湯下肚後，大家就可以把酒言歡，尤其韓國人非常喜歡團體生活，所以在團體中的關係和善融洽是相當重要的。甚至有一些不開心或難過的事，他們都會藉由喝酒來敞開心胸，所以不喝酒的人也會被認為難相處，比較可能無法融入團體之中。

每個國家都會有自己獨特的飲酒或飲食文化，沒有任何高低好壞之分。無論是愛喝酒的韓國人或是在這個議題上相對保守的台灣人，都是有自己的原因，小從個人選擇開始，大到國家民族的歷史使然，都是發展出自己喝酒文化的原因。而愛喝酒跟不貪杯的文化也讓兩個國家有了不同的面貌。我曾在首爾的新村待過一陣子，因為當地有幾間大學，很多學生晚上會聚在一起喝酒玩樂，經過一夜暢飲之後，我常常在早上前往辦公室的路上，看到倒在一旁爛醉如泥的男女（沒錯！女生也有），其實不怎麼好看。

而且，因為韓國人愛喝酒的關係，無論是一般民眾或是明星酒駕肇事的新聞也層出不窮。但韓國政府也瞭解到國家酒文化興盛，所以無論是酒駕的罰款或是刑期都比一般國家來得高，除了幾十萬台幣的罰金與吊銷駕照之外，甚至還會以「等同於殺人罪」的角度判處十年以上徒刑。而也正因為酒駕的代價高昂，韓國社會發展出發達的「代客駕駛」文化，讓這些貪杯愛喝酒的阿嘎西（小姐）、阿揪西（大叔）們可以喝完酒狂歡後，平平安安回家。

1 韓國的「布帳馬車」（포장마차）類似日本路邊居酒屋，專賣一些小吃，如辣炒年糕、甜不辣或一些動物的內臟等，是在韓國各地區街頭很常見的小攤販。韓國人都喜歡在下班後，或三五好友一起坐在板凳前大啖小吃、喝燒酒，談天說地。

韓國反日情緒根深蒂固：「為什麼台灣這麼喜歡日本？」

「為什麼台灣這麼喜歡日本呢？台灣不也是殖民的受害者嗎？」我在韓國工作時，最常被問到的其中一個問題就是這個。尤其是自己工作的參與連帶ＮＧＯ，是在韓國政治光譜中屬於進步左派的組織，對於韓國在日本殖民時期的「親日派」最為反感，因此常常會對台灣普遍親日的態度感到不解及好奇。相反的，雖然自己在前往韓國之前對韓國人的反日情結早有耳聞，但沒有深入的研究，所以不知道緣由。直到幾次親眼見證後，才意識到原來反日情緒在韓國如此根深蒂固。

《親日人名辭典》：韓國社會誰是親日派？

銘皓、娜拉及頌惠三位是我在參與連帶工作時，前來實習的大學生。因為每個寒暑假都會有近二十位的學生來實習，我們依照他們的興趣分組後，他們就會自己開始計劃一次市民行動（例如政策請願、連署等）。而那次他們提出的計畫，就是在獲得一定數量的民眾連署，要求全國各地的公共圖書館購入《親日人名辭典》（친일인명사전）[1]套書，讓全國人民可以更清楚知道，在韓國社會裡，誰是親日派。

三位熱血青年也跟我交換了不少台灣韓國兩地民眾對日本殖民時期態度的看法，而他們在剛開始聽到同樣被殖民的台灣相當親日時，完全無法相信，甚至一度懷疑我在開玩笑。雖然在我跟他們解釋台灣歷史因素的使然之後，他們似懂非懂地表示了解，但我想，他們心中的問號應該仍舊存在。

兩國長期政策態度引導民意

不少人說台灣跟韓國有很多相同的歷史背景，無論是被日本殖民過，或是在冷戰期間都站在圍堵共產主義的西太平洋島鏈上，甚至也都有美軍駐軍的經驗（韓國領土至今仍有美軍駐軍），但兩國的發展以及社會文化卻有很大的差異。尤其是面對日本殖民時期的態度，韓國與台灣社會的觀感落在光譜的兩端，完全不同。

韓國政府在二〇〇五年十二月八日通過「親日反民族行為財產歸屬特別法」，也在同一年成立「親日反民族行為者財產調查委員會」，並調查從一九〇四年開始一直到一九四五年二次大戰結束後的親日派，公開姓名及所作所為，將歷史事實攤在陽光下，接受檢驗。

相反的，台灣政府的態度就寬容許多，除了完全沒有所謂的「親日派」一詞之外，甚至許多人都以當時接受日本教育而自豪。再加上台灣政府及教育方針對日本在台建設，如八田與一的嘉南大圳等，都是持較正向的態度，讓台灣人對日本的印象並不差。當然，這跟後來國民黨政權接收台灣後的狀況有很大關係，但總的來說，台灣社會對日本殖民的記憶，普遍沒有韓國來得負面。

由此可見，政府教育內容對社會反日或親日有很大的影響力。而會讓韓國人對日本殖民如此痛恨的原因，除了歷史情感因素外，韓國的國民教育薰陶也是很大的原因。韓國對於日本殖民時期的描寫，相當程度地著重在將韓國人民設定為受害者，雖然是歷史事實，但沒有平衡地將日本殖民時期的建設也包含在教育內容中。另外，韓國政府甚至害怕人民受到日本文化影響，刻意斷絕了日本文化進入韓國的管道，相對地剝奪了當時人民自由選擇的權力。

韓國斷絕日本文化輸入

韓國在二次大戰結束後，雖然正式脫離日本殖民統治，但在各地都還是可以看到日本時期的建築及各種影響。因此韓國政府就開始了一系列的「身、心、靈」脫離日本殖民影響的政策，最顯著的其中一項政策就是禁止日本文化輸入。

現在韓流輸出海外影響亞洲，深知文化等於國力的韓國為了不讓自己受到日本文化「茶毒」，勒令所有跟日本有關的文化商品，拒絕一切電影、書籍、電視節目等軟實力的影響。就算在一九六五年韓日兩國建交之後，雙方政治及商業的交往越來越頻繁，但是對於日本文化相關事物，仍保持零交流的狀態，這也讓當時的韓國人對日本文化發展一無所知。一位常跟我一起運動打球的韓國同事在一次不經意的聊天中，透露了他是在最近才曉得《灌籃高手》還有《七龍珠》等漫畫，不是韓國人畫的而是日本人的著作（他剛知道這個「殘忍」的事實時，還一度拒絕相信）。

相反的，台灣對日本文化的輸入則是來者不拒，甚至有相當程度的「哈日」傾向。尤其是早期台灣社會迷日劇、聽日本音樂、玩日本電玩遊戲等，都讓台灣人大幅度地被日本文化影響。

另外，從兩國政府如何對待日本時期留下的建築，也可以看出兩國在這個議題上的態度南轅北轍。台灣現在的總統府是當時日本時期的總督府，目前也被台灣政府認定為國定古蹟。反之，韓國日本殖民時期的朝鮮總督府，已在一九九五年被當時的總統金泳三以「清除日本統治時期象徵」的理由拆除。朝鮮總督府建築在李氏朝鮮時期的景福宮光化門正對面，而且當時日本請了德國著名建築師設計，建築相當雄偉美觀，但韓國社會將其視為國恥，全部拆毀，只留下大樓尖塔的一部分，保存在首爾近郊的獨立紀念館之中。

另外，韓國社會及政府對日本殖民時期強徵慰安婦的歷史記憶以及島嶼領土紛爭，都有相當積極的作為，這也是政府一直提醒民眾日本「不斷在壓迫韓國」的方式。

爭議島嶼及慰安婦

大雪紛飛的首爾，同事們紛紛將抗議板及大聲公、蠟燭等抗議必備道具帶上麵包車，在路上還不斷打電話或發送訊息、號召群眾好友一起前往。原來，計劃已久、在韓國的日本大使館前的慰安婦銅像要揭幕了。

到現場後發現，日本大使館外早已擠滿了示威民眾，我們也看到了不少常有聯絡的民間組織。寒暄一陣之後，大家就把吃飯的傢伙（抗議道具）拿出來，慰安婦討公道示威行動正式開始。這是在二〇一一年底，於首爾日本大使館前慰安婦銅像設立時的狀況，在那之後，我也跟許多南韓公民團體接觸討論，了解到他們相當厭惡日本面對慰安婦的態度。

台灣和韓國一樣，都跟日本在海洋的領土上有糾紛，台日之間的糾紛是釣魚台列嶼（日稱尖閣諸島），韓日之間則是獨島（日稱竹島）。這幾個島嶼一直是台日韓三邊的民族主義者樂於炒作的話題，至今也是一個無解的議題。

韓國前總統李明博，曾在總統任期的最後幾個月，登上了由韓國實質控制的獨島，向日本宣示主權。而當時這樣的舉動除了讓日本政府召回駐韓大使之外，也在日本對韓國駐日大使表達強烈抗議。這樣的行為除了讓李明博榮登第一位上獨島的總統，也拉抬了民眾對他的支持率。當時韓國社會幾乎一面倒地支持李明博的舉動（左右派皆然），就算知道他這麼做背後的動機是為了炒作拉抬聲勢，但大家都還是認為，為了國家尊嚴，必須團結對外。

那麼台灣呢？台灣政府及社會在這些議題上的態度如何？相對韓國，台灣在慰安婦的議題上有沒有如韓國的口徑一致？在日前反課綱運動上，出現「慰安婦不一定都是非自願」的討論，雖然成員隨後自覺發言不當馬上道歉，但無論是否被炒作或言論被扭曲，都可以看出來相較於韓國，台灣對於日本殖民時期的所作所為，有相對被容許的討論空間。

另外，因為台灣並沒有實質的行政單位在釣魚台列嶼上進行管制（日本實質控制釣魚台），所以台灣的總統要像韓國李明博一樣，上去晃一晃應該有點困難；在政府及民間的態度上，與南韓一步都不退讓的態度也有所不同。我國前總統李登輝甚至表示過釣魚台是日本的領土，由此可見，台灣就算是在領土紛爭上，也沒有像韓國一樣對日本同仇敵愾。

韓國人怎麼看台灣的親日呢？

除此之外，幾位來到台灣打工度假的韓國人，也跟我分享過他們對台灣親日的看法。多數的受訪者都表示在剛來到台灣時，無法接受台灣親日的態度。但過了一陣子，跟台灣人交流後就發現，其實這個現象是有跡可循的（但並不表示他們認同）。一位來台灣之前已經在日本打工度假一年的姜小姐曾跟我說，她有時候在台灣的鄉村地區，都會有自己還在日本的錯覺，讓她了解到台灣的親日並不是一天兩天的事，而是一種長時間的社會情緒。

「其實就算到了現在，我還是有一點難理解台灣為什麼親日，但我知道，我不能以我的角度來批評。」正在攻讀台灣博物館研究所碩士學位的韓國學生李寶蘭曾跟我說：「我大學來交換學生的時候，非常驚訝台灣居然這麼親日。」其實無論是當時在韓國工作的經驗，或是現在訪問各行各業的韓國人，都可以感覺到他們對台灣親日的困惑。甚至就算是對歷史有一定程度研究的韓國人，也因為自己反日的心理，對台灣親日的態度感到無法理解。

1 韓國的 NGO 民族問題研究所也在二〇〇九年出版了這本《親日人民辭典》，辭典總共有三冊，包含了韓國軍、政、商與藝文界等四千三百八十九位人士的姓名及他們的「反民族行為」。韓國首爾市政府在二〇一五年開始在首爾市的中學圖書館配發《親日人民辭典》。

比起韓國，台灣男女很平等？

偌大的聯合國大會會議廳裡，德國總理梅克爾、阿根廷前總統費南德茲還有巴西前總統羅賽芙等人，分別都在二〇一五年舉辦的婦女峰會（Global Summit of Women）裡發言，呼籲世界各國領袖應該要為兩性平權做出更多努力。幾乎國際上女性國家領導人都出席了這場峰會，但韓國前總統朴槿惠雖然出席了聯合國大會，但在婦女峰會上，卻不見她的蹤影。看來，她應該是有更重要的會議要出席吧？

亞洲國家因為以前屬於重男輕女的農業社會，再加上長期處於封建制度，對人權的概念模糊，以致於兩性平等的概念較晚才開始萌芽（台灣一九四七年開放女性投票、韓國一九四八年、英國一九一八年）。但時至今日，韓國社會對男性與女性的態度是否有所改變呢？讓我們看看幾位韓國人的看法吧！

台灣男生好像比較貼心？

頂著一頭捲髮，笑容有如韓劇裡陽光暖男的受訪者泰衡，跟一些到國外讀書的大學生一樣，希望將自己在外國的所見所聞記錄下來，並且跟國內其他對這個國家有興趣的人分享。通常在這樣的部落格或個人網頁上，最受歡迎的除了自己每天生活的趣事外，最受歡迎的當然還是兩個國家的人互動時產生的火花，而男女之間的交往更是令人好奇。

因為泰衡曾經交過台灣女朋友，所以對台灣及韓國兩性關係的異同比較有感觸。他用食指推了推他的黑框眼鏡，語重心長地跟我說：「我覺得台灣男生普遍來說對台灣女生比較貼心，所以我在跟台灣女生交往的時候，一直被抱怨不貼心，我想這應該是在台灣交女朋友跟在韓國交女朋友最大的不同吧。」

「哈哈真的嗎？那身為台灣男性的我應該要感到驕傲才是。」

泰衡笑了笑，繼續對我說：「台灣跟韓國的狀況感覺有點相反。在韓國，男人工作結束回到家裡，家事都是女人在做；但是在台灣給我的感覺很不一樣，感覺比較平等，或是甚至是男人在做家事，很特別。」

其實在不少韓國電視劇或電影裡，經常可以看到一些大男人的象徵，當然有的時候會被解釋成男子氣概。再者，因為韓國深受儒家文化影響，其中「君子遠庖廚」的觀念更是根深蒂固，而在網路上或各式文章裡，也可以看到不少針對韓國是否有大男人主義傾向的筆戰。我的觀察是，韓國男孩子在結婚之前，對女孩子的追求可以非常熱烈貼心（尤其是新一代的韓國男性）；但在結婚後，兩人的關係上升到家庭，就會被從小耳濡目染的觀念改變，較輕微的可能還是會被動地幫忙家事，嚴重的則是會坐在家裡茶來伸手飯來張口。

簡單來說，韓國人認為「男主外、女主內」是很正常的事。除了男人，連多數女性也有這樣的想法。很多人會把「男主外」看成是男人勇於承擔家庭責任的態度，而女方也會認為自己受到保護，進而接受這樣的角色配置。像一些韓劇中，若男人很帥氣地要女人辭掉工作並說：「我養妳！」其實會得到不少女性的青睞。但是若將這樣的現象放到社會或是工作上，則很明顯地可以感覺到男女待遇不平等的現象。

「他們會一直提醒妳，妳是女人」

走到行天宮站附近的一間民宅社區抬頭一看，我心中不自覺呢喃：「奇怪，這裡看起來不像是電影工作室啊。」我帶著困惑進入大樓，跟警衛大哥打個招呼，禮貌性地詢問了一下，確認就是這裡之後，便搭電梯上樓。

短頭髮，不時帶著微笑的韓裔美國人黛安笑咪咪地說：「哈囉！好久不見啊！請進請進！」

黛安在我進門後馬上給了我一個大大擁抱，讓我感受到她滿滿的美式熱情。黛安其實並沒有在韓國待過太長時間，只曾經在學生暑假時期在首爾的一間著名報社實習兩個月，但因為父母都是韓國人，會說非常流利的韓語。透過其他朋友和她認識後，發現她的個性開朗，再加上因為她是一位電影製作人，讓我對她如何看台灣產生了興趣，聊了幾句就決定將她納入我的採訪名單中。尤其她以韓裔美國人的身分，說不定對一些韓國社會狀況的看法會比較客觀。

在跟黛安的幾位同事寒暄之後，我們就開始了專訪。黛安不經意地撥弄著桌上的筆，頭垂下來思考了一下我的問題，用流暢的英文說：「對啊！我十八歲的時候，曾到韓國一家非常知名的報社當實習生，讓我感受到韓國相當傳統的一面。報社裡每一個部門的主編都是男人，只有藝文版的主編是女性，我可以感受到那裡非常保守，工作環境有男女不平等的感覺。」

「那在台灣跟在韓國男人對女人的態度有不同嗎？」

「當然有啊！我個人覺得台灣男人比較好親近一點。跟韓國男生在一起，會有一種他們一直提醒妳『妳是女人』的感覺。」因為這是我第一次聽到有受訪者給我這樣的答案，我馬上接著問，「真的嗎？有什麼樣的例子嗎？」

「他們有的時候會問我一些問題，像是『針對這個問題，身為一個女人，妳有什麼看法呢？』而不是直接問，『黛安，那妳有什麼看法呢？』或是他們常會說『這不是女人該做的，讓我來做吧』、『喔！妳會這樣做真有趣，因為通常女人不會這樣子。』這些個人經驗讓我感覺到，他們時常不經意地提醒我，我是一個女人，而不只是一個普通朋友的感覺。」

我聽完黛安的經驗後感到很有趣，不自覺地點了點頭。她看到後，可能認為自己過度渲染，馬上跟我說，「但是這些都只是我個人的經驗罷了，應該不能代表全部韓國男人啦。」

其實，韓國男女不平等的現象並不是一天兩天的事。根據世界經濟論壇（WEF）的統計，二〇一二年韓國的男女平等排名，在世界一百三十五個國家中排名第一〇八，並且在二〇一三年跌到第一百一十一名。除此之外，在二〇一三年經濟合作暨發展組織（OECD）的性別收入差距報告中，韓國在三十四個國家中敬陪末座。同樣在亞洲的日本則是倒數第三，也遠輸給其他已開發的西方國家。但若以台、日、韓三國作比較，在聯合國開發計畫署二〇一二年的人類發展報告中，台灣的性別不平等指數是在世界最平等的荷蘭（0.045）之後，排名第二名（0.053），而日本及韓國分別排名第二十二（0.131）及第二十八名（0.153），與台灣有一段差距。[1]

仁寺洞創意市集。

首爾地鐵內通勤的人們。

台灣的女人很獨立，但是不夠女人味？

在抵達忠孝新生三號出口後，熾熱的陽光讓我不得不找樹蔭乘涼，躲避台灣熱辣辣的夏天。一位穿著時尚，踏著輕盈步伐的女性向我走過來。由於我們是透過共同朋友介紹認識、還沒見過對方，所以互相以不確定的表情相認。

「嗨～你是那位記者嗎？」

「對呀我是，所以妳是在媛囉？妳好！妳好！非常感謝妳答應讓我採訪，我們過去那邊的咖啡廳慢慢聊吧。」

在媛是韓國釜山人，新婚美國人丈夫為了要跟她住得更近，接受了當時台灣公司給的條件，搬來台灣。而在媛也因此住到了這個自己沒有什麼印象的國度。在媛的丈夫是電腦工程師，所以他們工作跟居住的地點都在新竹科學園區附近。在媛為了讓自己更融入台灣社會，不久前開始在新竹教授韓文。這份工作除了讓她有額外的收入，也可以與台灣人有更多接觸。

「妳來台灣也一陣子了，妳覺得台灣女人跟韓國女人有什麼不同呢？」

「你知道嗎？我已經去過中國、日本然後現在來到台灣。我認為，台灣跟中國是這幾個國家中男女最平等的國家。日本跟韓國，尤其是韓國，男人認為女人的存在是要在家裡煮飯做家事的。」跟在媛談到這個題目後，可以發現她的音調漸漸提高，坐在她對面，可以明顯感受到她對這個議題的重視。

「我想這也是為什麼台灣女人在結婚之後，都還會繼續工作的原因。因為台灣男女平等的觀念比韓國好很多。韓國男人的想法還是太保守了，他們都希望自己的妻子待在家裡做家事，不要到外面工作。」在媛話鋒一轉繼續說：「台灣男女關係就不一樣了，台灣女性可以非常清楚直白地講出想說的話或想要什麼，很強勢。但是在韓國就不是這樣了，韓國社會認為直接說出你想要什麼是沒有禮貌的，對女人更是嚴苛。像是女人不可以很直接地對男人說『我要這個』，她們會用另一種方式表達自己的想法，可能是撒嬌或是什麼的。」

當在媛說到這裡，我心裡馬上浮現韓劇或韓國綜藝節目裡韓國女星撒嬌的樣子，「啊！難怪韓國女人這麼會撒嬌。」在媛看到我若有似無地點頭後，馬上再補了幾句：「但其實，這有時候會讓韓國男性搞不清楚女人們要什麼，然後就開始吵架了。」

「妳說了這麼多台灣人的優點，那妳有沒有發現一些台灣人的缺點呢？」

「有啊！其實女人強勢有好有壞。因為在社會層面上，男女平等的現象比較明顯。但是，在對女人的印象上就不一定是好的了，畢竟強勢的另一面就是她們不夠有女人味！」在媛繼續補充：「你知道嗎？就是她們雖然比較獨立、比較有主見，但是在我們的觀念裡，就是比較不女性化、比較沒有女人味了。」

無論是泰衡、黛安還是在媛，他們對韓國男女觀念都有自己的看法，每個人也都會因為個人的成長環境不同，對同一件事物有不同的看法。對某些人來說，男女之間交往時，其中一位擔任領導者是可以接受的，但有人則是需要完全的平等和尊重。如此的偏好並沒有好與壞，但若是在社會制度或文化裡，對性別的歧視或人為的男女不平等，則是落後的象徵。

「爭取男女平等並不代表厭惡男性。」二〇一五年接下聯合國婦女署全球親善大使的女星艾瑪．華森（《哈利波特》裡的妙麗），在聯合國的演講中指出：「我們要爭取的不是女權，而是兩性的自由。」由此可見，男女平權不是只有單方面努力就可以成功的。

韓國的大男人主義會存在，絕對也不只有單一原因，而是匯集了長久以來的習俗、從小看著父母長輩互相生活的方式，再加上社會進步的力量不夠推動改革，才會讓這樣的狀況一直存在。但這也不代表韓國沒有在進步，活躍的公民參與組織時常會發起各式有關議題討論，再加上新一代的韓國人與國際接觸的機會也越來越多，漸漸了解到自己的缺陷，開始自我檢視。當然，台灣在這個議題上，剛好可以是韓國學習的對象；台灣，其實也可以被韓國羨慕。

1 因為世界經濟論壇（WEF）及經濟合作暨發展組織（OECD）的報告並沒有包含台灣，因此比較台日韓三國時，以有將台灣包含在內的年度報告，聯合國開發計劃署（UNDP）的「Human Development Report 2013」數據做比較；此報告是以孕婦死亡率、未成年生育率、國會議員比率、中等以上教育程度占二十五歲以上人口比率，和十五到六十四歲勞動力參與率等數據做平均統計而產生。

Ch2 光鮮亮麗的韓流背後——

一位年僅三十二歲的女劇作家餓死在自己家中，在不幸身亡之前，還曾在鄰居的門上貼了一張小便條：「我感到很不好意思，但是因為我已經很多天沒東西吃了，若您有任何泡菜或剩飯，請放在我的門口。」這樣的慘死事件，才讓韓國政府真正警覺演員生活的辛苦，隨即訂定新的辦法，讓這個令人絕望的環境，得到些許改善。

韓國節目魅力席捲亞洲，到底如何辦到的？

「안돼（不行）～～！！」李光洙大吼一聲雙膝跪在地上，一旁臉上露出一抹微笑的哈哈一溜煙跑過，仔細一看，原來他手上拿著的是李光洙背上的名牌。看來，哈哈詭計再度得逞，李光洙從遊戲中被淘汰了。

這是韓國多年來超級火紅的綜藝節目《Running Man》（以下簡稱RM）的橋段。因為節目人氣高，除了從二〇一〇年開播後，韓國國內收視率不斷上升之外，版權還被大陸浙江衛視買下，內容換湯不換藥地在中國播出。加上幾位當紅明星（Angelababy、王寶強等人）加持，收視率也是居高不下。

創意無價，但執行創意一定需要錢

在韓國演藝圈中，跟台灣最大不同之處在於，歌手藝人與電視電影藝人相比，是比較低階、需要低聲下氣和製作公司攀關係的。無論你是否紅到發紫（國際巨星除外），都還是必須上電視節目宣傳，增加曝光率。再加上有些韓國節目製作肯花大錢請明星，才會讓觀眾一到節目播出時段，就乖乖坐在電視機前守候。

說到錢，就讓不少台灣綜藝製作人除了眼紅之外，也是恨得牙癢癢。節目的製作費當然是增加內容細緻度的原因之一。以RM為例，一集製作費平均高達兩百五十萬台幣，與台灣不到三十萬相比，完全是不同等級、無法比較。另外，在二〇一五年，馮光遠與吳宗憲在節目上的辯論，馮光遠提出：「創意不是錢就可以買到的」；但鬼點子王沈玉琳馬上反駁：「創意用錢不一定買得到，但是執行創意則需要錢來堆砌。」雖然很殘酷，但卻是現實。

韓國節目除了製作費高昂，讓節目製作人（PD）可以前往世界各地取景、購買昂貴道具之外，節目內容本身細緻的程度，也不是這幾天才開始的。在RM的節目裡，六位固定主持人都有自己不可或缺的特質：國民主持人劉在錫掌控全局、能力者金鍾國好勝心第一、古靈精怪哈哈鬼點子一堆、老么李光洙不時戲劇性的反應、王牌宋智孝與 Gary（目前已下車）週一情侶分分合合，再加上不斷被欺負、也是能力最弱的池錫辰，都是不可或缺的一員。而在節目中，每一位成員的角色互相呼應，都是長期相處之後，才慢慢變化得來的默契和元素，那是製作單位無法刻意安排的。

比錢更重要的精心製作

RM 的製作人曹曉震（音譯）曾在受訪時說，他們節目成功的因素其中之一是「保密」。製作單位每次發想的遊戲，事前完全不會跟主持人、攝影組或是來賓說明，全部都是真槍實彈上場。除了一些無厘頭、讓人摸不著頭緒的遊戲規則之外，還有更多像是電視影集般的故事背景（復仇者聯盟、007 龐德間諜或是超能力者足球賽等），再加上一些超大型令人瞠目結舌的節目企劃（紙船勇渡漢江、全國大學生畫片比賽、飛到台灣六福村坐雲霄飛車受懲罰等），都是讓觀眾會想要一集接一集，繼續看下去的原因。

當然，這些節目內容都是靠大型幕後團隊（數十、近百位攝影師、編劇、後製人員等）同心協力，才有可能達成。但在這些亮眼的成績背後，還是有很多不為人知的心酸。在韓國綜藝圈裡，算是頂尖、十根指頭可以數得出來的頂級製作人之一羅暎錫曾在受訪時指出，因為製作綜藝節目極端地耗費心力及時間，他甚至曾經在五年內，完全沒有放假。

除此之外，台灣綜藝節目不斷強調經費短缺，巧婦難為無米之炊等等，雖然有其道理，但要把錢用在對的地方，才是讓節目長存的王道，否則可能也只會是曇花一現。韓國TvN電視台創意總監黃振宇曾對媒體表示：「若要我花一億韓圜來請一位大明星上節目，我還不如花錢租直升機，直升機空中拍攝或做一些特效，說不定比請巨星上節目還要更吸引人。」中國版的RM創下千萬天價的主持人費用，雖然獲得不少收視率，但跟平均「只有」二百五十萬製作費的原版RM相比，經濟效益還是略顯遜色。

文化就是國力！韓國政府砸錢補助、保護本土節目

當然，除了製作人員努力付出之外，韓國政府的推波助瀾也是讓韓綜大紅大紫的原因之一。韓國前總統金大中在一九九八年金融危機時就已說過：「二十一世紀，文化就是國力，文化不僅有提高生活品質的作用，並且正成為有巨大附加價值的產業。」因此，韓國政府開始了一系列對各種文化發展進行補助，從一九九八年開始，韓國文化觀光部的年度預算是四億美元（約一百二十億台幣），大約佔韓國當年國家總預算

首爾大學路上供民眾索取的劇場表演資訊傳單。

的0.62%；到二〇〇二年預算成長了一倍，是當年國家總預算的1.09%，到二〇〇三年則成長為1.15%，相當於十億美金（約三百億元台幣）。

甚至在金大中之前的總統金泳三也說過：「如果迪士尼一年的營業額與ＩＢＭ旗鼓相當，那我們為什麼不全力發展影視工業呢？」當然，這兩個產業是完全不一樣的東西，所擴散出來的效應也是兩回事，拿來比較其實不成體統。但是我們可以從金泳三這句話看出來，韓國政府相當重視影視文化產業。

而「韓流」這個專有名詞是從二〇〇一年韓國文化觀光部提出後，才正式開始。內容當然主要就是推動國家漫畫、動畫、音樂、電視、手機、網路等娛樂內容發展。時至今日，韓國政府從原本最早每年四億台幣的文化研究補助金，一直到二〇一一年，這筆錢成長到二十二億台幣。而從事精品影視產業拍攝的公司，還可以享有百分之三的稅務減免優惠，為了讓韓國也有類似迪士尼這樣規模的文化產出，韓國政府算是卯足了全力。

政府從政策方向引導之外，也執行了不少保護政策，讓韓國電影及電視節目都可以在「配額制」下成長茁壯。例如在電視台中，政策規定每台每年必須播放百分之三十的國產電影、百分之四十的動畫節目以及百分之六十的流行音樂。另外，韓國還特別規定在晚上七點到十點這段黃金時間裡，不得播放外國節目，特別保障韓國本土節目受到一定的觀眾收看。

除了政府的推波助瀾，韓國電視產業生態健康也是讓韓國綜藝節目能一直推陳出新的原因之一。雖然早在一九九五年就已經開放有線電視，也成長到總數有上百個頻道，但現在卻都還是無線電視老三台（KBS、MBC、SBS）主導市場的局面。其中一項使有線電視無法打敗無線的主要原因，就是因為外資進入不易。根據相關法規規定，有線電視傳輸平台不得接受外國企業資助或捐款，營運平台的業者外資也不得超過百分之四十九，讓有線電視的發展受到限制。

也因為這樣，韓國的無線電視才得以持續保持領先、瓜分大部分的收視率，收益得以拿來投資製作費，產出品質更好的節目；不只在國內受歡迎，更賣到台灣、中國、東南亞各國。製作組的努力、政府的政策輔助，以及電視生態比較健康等因素，讓綜藝節目可以搭上韓流風潮，一飛衝天。

韓國也流行過「包青天」？台灣曇花一現的軟實力輸出

其實，台灣的影視影響力在亞洲曾經是主流之一。一位在台灣居住多年的韓國盧記者曾跟我說：「其實在一九九三年左右，韓國非常流行台灣《包青天》連續劇，但是卻因為台韓雙方斷交，台灣沒有進一步地像韓國一樣推動這些軟實力；《流星花園》也一樣，都沒有一個由政府領導的長期計畫，讓台灣這些軟實力輸出只能像是一些小小的曇花，維持短時間的燦爛，不久就煙消雲散了。」

除了盧記者所說的這些戲劇外，記得小時候在《百戰百勝》或是《強棒出擊》這些節目中還看過劉德華、郭富城這些超級巨星。又甚至是比較近代的《我猜我猜我猜猜》或是《超級星期天》等節目，遊戲單元推陳出新，每次看都會有期待。但是最近不曉得為什麼，已經好久沒有在電視機前，好好看一次台灣的綜藝節目了。

因為二〇一五年金鐘獎綜藝節目獎從缺，吳宗憲炮火四射，最後甚至跟馮光遠上節目辯論，讓台灣開始檢視自己電視節目每況愈下的情形。但這些問題都不是單方面可以馬上解決的，需要政府以及電視從業人員互相協調、幫助才有可能改變。而且對於許多結構性的問題，如果真的沒有大刀闊斧的改革，可能會連別人的車尾燈都看不見！

韓國最成功的商品：K-POP

從首爾狎鷗亭德羅奧地鐵站（압구정로데오역）的出口一出來，就可以看見數十個代表知名K-POP團體的公仔沿著人行道聳立。三三兩兩來自各國的迷妹跟公仔合照後，上傳到社交網站證明自己到過這個被稱為韓流大道的聖地朝聖。再沿著人行道向前走，韓國三大娛樂經紀公司之一的「JYP」總部旁，一年三百六十五天都有忠心的粉絲在咖啡廳癡癡等候「歐爸」出現，讓這個區域成為韓國特有的觀光景點。由此可見，K-POP近幾年來對世界各國的吸引力可說是如日中天。

韓國的流行文化在近幾年來，透過韓劇、電影、廣告與K-POP等方式進入人們的日常生活中，這樣的熱潮也吸引了世界各地的粉絲前往韓國追星，讓韓國在國際間的能見度大幅提升。而被簡稱為「韓流」（Korean Wave）的韓國文化輸出，並不是一天兩天就可以達到現在的規模，而是經過幾十年一點一滴地累積，才有今天的成果。

在韓流輸出的方式裡，一首歌或是幾分鐘的廣告，會比一部兩個小時的電影，或是一齣數十個小時的電視劇來得容易被人們接受。所以K-POP流行音樂與偶像明星的渲染力通常都是人們開始接觸韓流的第一步，而現在獨樹一格的K-POP，其實在剛開始也經過牙牙學語的模仿。

創新也要從模仿開始

一九九二年美國團體「街頭頑童」（New Kids on the Block）首次來到韓國辦演唱會，並且發生瘋狂紛絲的踩踏事件，韓國社會才發現原來偶像明星在年輕人的眼中這麼有影響力。而這些流行文化來到韓國之後，除了出現大量粉絲之外，也有本土的產業開始效仿，希望培養出韓國自己的偶像。

圖右為知名 K-POP 評論家 Minyo。

「你可以看到第一代 K-POP 的代表『H.O.T.』，當時他們的表演多是美國嘻哈和日本視覺搖滾等元素結合的產物。」一襲黑色大衣和灰色套頭長袖，舉手投足透出時尚魅力的 K-POP 知名網站「Idology」創辦人 Minyo 來到咖啡廳接受採訪。常常出現在韓國各大媒體評論娛樂產業的 Minyo 自己也是位作曲家，他不諱言指出，K-POP 一開始確實有濃厚的美日風格。

韓式流行樂的節拍穿透店家的牆壁，讓滿是霓虹燈的街道更加熱鬧。路旁的布帳馬車裡，幾位韓國年輕人跟剛認識的外國朋友同桌，交談間夾雜著韓文與英文。我跟 Minyo 相約見面的地方，是首爾最為國際化的梨泰院洞（이태원동），外來文化與韓國傳統就是在此碰撞後產生新的火花。而時至今日，韓國漸漸從日本與美國文化的影子中走了出來，蛻變成一個新的選項。「現在我們已經趕上他們，發現到原來我們自己的東西也可以

影響到世界。所以回頭找尋自己的根，開創屬於我們自己的道路。」Minyo說。

就連現在相當知名的「練習生」體制都是由日本傳來韓國的制度，只是韓國人將它變得像是生產線一樣更有效率；再加上無孔不入的行銷手法，讓韓國的偶像團體像是商品一樣被製造與上架販賣。

「我認為就算西方有了跟我們一樣的體制與市場，他們還是無法製作出像韓流明星一樣的偶像，因為他們不認為人們的生活可以像商品一樣被販賣。」Minyo舉出韓國選秀節目「Produce 101」為例，該節目將透過選秀方式產出偶像的過程赤裸裸地在電視上呈現。「成為偶像不只是要會唱歌、會跳舞，而是他／她的個人魅力。」Minyog說，尤其是偶像如何從凡人蛻變成為萬人迷的過程，更是吸引粉絲瘋狂效仿的原因。

韓國社會存在著英雄崇拜的氛圍，大家都會希望自己就是那個成功的個體。

韓流在國際上大放異彩之後，漸漸的，社會對於娛樂產業的看法也不再趨於保守，甚至認為年輕人放棄學業成為練習生並不是「不務正業」，只是選擇了另一條人生道路罷了。「現在全韓國每三百人裡，就會有一個人在偶像產業鏈裡。」Minyo指出，現在年輕人若被知名的娛樂經紀公司選為練習生，就像是上了SKY（首爾、延世與高麗大學被認為是韓國的明星學校）這樣的好大學一樣光榮，被認為前途光明、準備未來站上舞台大放光彩。

但在全韓國超過一千家的經紀公司裡，平均每一年也只有不超過一百個團體出道，能夠真的大紅大紫的團體更是屈指可數，那麼，那些不算成功的團體都跑去哪了呢？

中國市場至關重要的原因

在採訪到了一個段落，一些敏感的問題變成採訪的主軸：「那中國的『禁韓令』對 K-POP 產業影響大嗎？」「很大，大家都在等禁令取消。」Minyo 繼續補充：「那時候周子瑜會被推上去道歉的原因，很多人都說是因為 JYP 的另一個團體 GOT7 在中國有很大的市場，所以他們很怕 GOT7 在中國的成績被周子瑜影響。」由此可見，連 JYP 這樣大規模的經紀公司都必須以中國馬首是瞻，其他中小型經紀公司更沒有討價還價的空間。

「有些團體在韓國根本沒人知道，但是到中國某些地區，變得好像巨星一樣。」Minyo 說，有為數不少的少年團體將中國市場做為他們的重心，除了因為中國商演的價碼是韓國的數倍之外，K-POP 的光環加持，讓他們在中國一些省級縣市獲得相當於帝王式的招待。但相反的，若中國市場因為政治因素出現問題，這些經紀公司與團體在韓國本土則無法生存。

因為韓國市場有限，所以也有越來越多團體開始在亞洲各國選角，希望兼顧到這些國家的市場，讓他們推出的「商品」更加國際化。有趣的是，真正在國際上大紅大紫的案例，都並非按照這樣的規畫才成功。

二〇一二年因為一首〈江南 style〉而爆紅的 PSY 就是最好的例子。這首歌的歌詞內容深度諷刺韓國社會，對韓國社會沒有基本認識的外國人不可能對這首歌產生共鳴。再加上 PSY 接下來推出的專輯在國際間受歡迎的程度遠低於〈江南 style〉，由此可見，雖然 PSY 讓 K-POP 在國際發展上有相當大的

首爾狎鷗亭德羅奧地鐵站附近的韓流大街。

突破，甚至可以說是個里程碑，但是這個成功絕不是當時韓國娛樂產業跟經紀公司計劃好的。

Minyo 說：「經紀公司與藝人的努力當然很重要，但是這些爆紅的例子顯示，搭上時勢與運氣的成分佔很大部分。」現在當紅的「防彈少年團」（방탄소년단）就是一個完全沒有外國人成員或是韓國僑胞的團體，也是另一個證明成功難以「被規劃」的案例。

但是沒有一定的組織跟資源，也不可能讓 **K-POP** 有今天的成就。在這個現實背後，政府作為產業規劃師的角色就相當重要。

網路上盛傳韓國前總統金大中在一次國際會議上，聽到現代汽車要賣出一百五十萬輛汽車才可以跟電影《侏羅紀公園》全球總產值相比之後，就決定了韓國未來「文化立國」的政策。當然，無論故事的真偽，都說明了韓國從九〇年代開始，政府與社會就了解到文化產業在未來有著無限的潛力。

台灣影視產業與娛樂圈常常怪罪政府沒有一個長遠且完善的文化產業發展計畫，批評者通常認為缺少政府在背後的支持，流行文化很難在國際市場中單打獨鬥成氣候。尤其常常拿出韓國的例子來批評政府，希望台灣跟這個曾並列亞洲四小龍的國家學習。而評論家 Minyo 也認為政府的補助與規劃相當重要，但是這些對於一般的前線工作者來說，並不如外界想像中的有感。

「當然沒有！韓國政府完全沒有幫助，只會利用我們而已。」一位不希望具名的韓國娛樂產業工作者在聊天時吐露心聲，「我還沒有聽過有人會讚揚政府的政策，大多都是認為政府不要幫倒忙就好了，政策對我們的實質幫助並不大。」她也提到，像是前總統朴槿惠在出訪他國時，都會帶幾個韓國的歌手或明星一起出訪，就是希望讓韓流明星光環加持，讓她的行程可以更被矚目。

由此可見，雖然韓國政府大力補助流行文化產業在國際上攻城掠地，但是真正在韓國流行產業不斷擴大的狀況下，政府資源也只能發揮引導的作用，並不是像一般台灣評論者所認為的萬靈丹。

韓流與 K-POP 如今已經為韓國打造了一個相當吸睛的形象，並且開始產生外溢效應、讓全國除了文化之外的其他產業也因為韓國在國際上的形象而受惠。台灣若真的向這個以往的「兄弟之邦」學習，可能不只是買買戲劇電影版權回來播放，或是邀請 K-POP 明星來台拍廣告辦演唱會，應該要更深入了解之後，找出自己的一套才是正途。

直擊暗黑大學路（一）：你所不知道的韓國劇場生態

舞台上演員及舞者使出渾身解數，以深刻的台詞及誇張的動作，讓台下的觀眾時而安靜沉思、時而哄堂大笑。「韓流」這幾年在韓國政府及財團的推波助瀾下，漸漸在國際間打開市場。而除了電影及電視劇的偶像明星外，其實舞台劇也漸漸受到各界矚目。近年來韓國自助旅行風行，除了購物與吃吃喝喝外，有些人也會選擇當個一日文青，前往惠化站的大學路劇場，選一部音樂劇或舞台劇，細細品味。

大學路是韓國藝術表演最密集的地區，附近除了有官方的文藝復興院和劇場之外，各式各樣的音樂劇、舞台劇，以及藝廊等各種藝術展覽都聚集在這裡，可以說是韓國的百老匯。台上十分鐘、台下十年功，除了劇場工作人員在幕後辛勤磨練表演技巧之外，韓國這個劇場大熔爐裡，還有什麼觀眾們看不到的內幕呢？

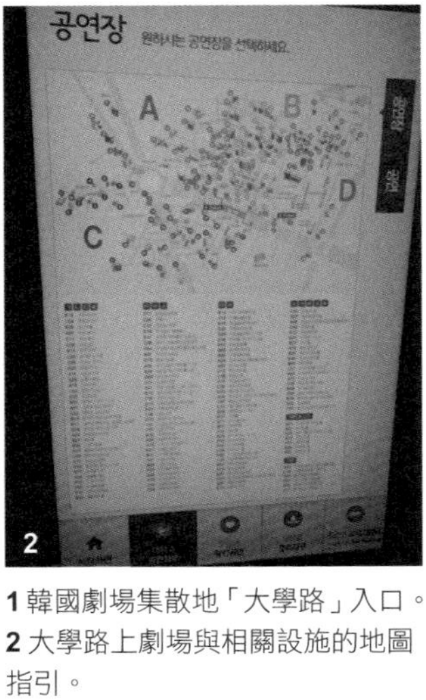

1 韓國劇場集散地「大學路」入口。
2 大學路上劇場與相關設施的地圖指引。

正在大學路上的劇場外排隊買票的民眾。

只要有錢，主角就是你的？

反戴著帽子，言談間透露出表演者的活潑氣息，千恩聖（音譯，천은성）在接受訪談時，彷彿在舞台上演出般，臉部表情與手勢豐富，讓人有如置身在劇場內。千恩聖是一名長期在首爾劇場演出的表演者，出演過的作品有冬季戀歌劇場版、與耶穌基督超級巨星（Jesus Christ Superstar）等知名戲劇，演出經驗超過十年，算是大學路裡的小前輩。

「我跟你說一個劇場圈裡都知道的真實故事，不久之前，有一位很有錢的女士，因為非常想要在台上享受當主角的掌聲，因此大手筆資助了一個劇團，讓這個劇團原本拮据的狀況好轉。」千恩聖笑了一笑繼續說：「當然，這位小姐也實現了她的夢想，成為劇裡的主角演員。」

白大鉉（右一）跟洪承伊（右二）與兩位日本演員，正在他們的劇團練習室討論隔天的表演內容。

我好奇地問了一下：「她的演技好嗎？不好的話觀眾不會嫌棄嗎？」她誇張笑了幾聲後答覆：「因為一齣劇都有幾位不同演員輪番擔任主角，每天都由不同演員演出。觀眾看到其他專業演員演出時，通常對這齣劇的反應都不錯。但若是看到她演出的那場，可能就會大失望了。」

因學歷被剝奪機會的演員

在韓國這個高度競爭的社會裡，如果沒有成功進入好學校、大公司、沒有一張受人喜愛的面孔，那麼就被認為是一個輸家。而這樣的情況，除了在一般的公司裡處處可見之外，就連在藝術的領域，同樣也不例外。

釜山八月熱辣辣的天氣，讓整座城市有如烤

箱。為了遠離戶外的熱浪，我跟受訪者約在室內訪談。在釜山北部一棟大樓公寓的四樓，一間六、七坪大小的表演練習室中，擺著一個韓式小矮桌。桌上幾個玻璃杯跟簡單的下酒菜，搭配著冷氣轟轟作響的聲音，白大鉉（音譯，백대현）一字一句帶我進入了釜山獨立表演劇團困難的生活之中。

戴著黑框眼鏡，說話時不時推動一下鼻樑上的鏡架。白大鉉慢慢將桌上一杯清酒一飲而盡後，對我說：「你知道嗎？我甚至還有聽說，這裡（釜山）的一些藝術補習班，跟幾間韓國的知名藝術大學『合作』。只要你繳錢上完補習班要你上的課程，就可以直接進入這些好的藝術大學就

白大鉉跟洪承伊合組的獨立劇團在釜山港演出。

讀，很不公平。」

在韓國，一個演員若沒有符合社會要求的學歷，除了不受主流管道重視之外，也很難有「關係」去獲得工作機會。白大鉉跟洪承伊（音譯，홍승이）在釜山雖還稱不上家喻戶曉，但也算是小有名氣。他們一手創立的獨立劇團「연극놀이터，쉼」（Theater Playground Shiim）就是我在釜山跟訪的對象。

上述藝術補習班跟大學「無縫接軌」的狀況，其實變相地壟斷了表演藝術的多元性，讓不少其實才華洋溢的表演者，只因為缺少社會認證的學歷，就喪失了許多機會。白大鉉嘆了一口氣後表示，他的夥伴洪承伊就是深受這個不成文規矩所害的其中一人：「你知道洪小姐吧？她獨特的演繹技巧，全韓國沒有人會。她用自己的肢體動作表達出來的意象，觀眾都給予很正向的肯定。但是她卻因為沒有大學學歷，把持經費的官員和劇場前輩們不買她的帳，讓她無法獲得資金補助，所以她的生活甚至比我還要困難。」

劇團經濟拮据，經費補助被政治勢力綁架

另外，白大鉉也提到向政府申請補助的一些「眉角」與困難：「中央政府的補助通常是給幾個特定的知名劇團，而我們申請的都是地方政府的經費。如果你申請的項目和當地政府的政治傾向相反的話，就很難通過了。」

我驚訝地回答：「就連在藝術界也有政治勢力影響？」白大鉉笑了笑回答說：「是啊！像是四、五年前我們劇團跟光州地方政府的相關單位都還不錯，但只因為在那邊演了一次諷刺約聘勞工氾濫的表演，他們就不理我們了。」

白大鉉一點一滴道出他們在釜山所遇到的困難。其實不只是在釜山，幾乎全韓國的劇場演員都必須同時兼職其他工作，白大鉉上午及週間必須到補習班教英文，若沒有兼職賺錢，身為一位藝術表演者，根本不可能在韓國活下去。

演員窮到餓死，政府才正視問題

韓國政府在二〇一四年推出了一套新的藝術家補助辦法（예술인 복지법），從原

本只能撥款資助劇團及團體變成可以獨立資助演員。讓政府正視演劇人員生活狀況急迫需要改善的主要原因，是在二〇一一年發生的一件慘案。一位年僅三十二歲的女劇作家餓死在自己的家中，在不幸身亡之前，還曾在鄰居的門上貼了一張小便條：「我感到很不好意思，但是因為我已經很多天沒東西吃了，若您有任何泡菜或剩飯，請放在我的門口。」這樣的慘死事件，才讓韓國政府真正警覺演員生活的辛苦，隨即訂定新的辦法，讓這個令人絕望的環境，得到些許改善。

「雖然這無法根本地改善韓國演員的生活，但是有做比沒有好，方向正確。」一位首爾的演員在受訪時跟我說：「我去年就有申請到這個補助，雖然沒有很多，但多少還真有點幫助。」這位演員落寞地表示，雖然她已經有較穩定的演出收入，但若不持續尋找其他兼職的財源，生活上會缺乏安全感。

這些狀況在韓國各種戲劇、電影等軟實力產業席捲全亞洲的同時，被掩蓋在最令人無法發現的角落，雖然漸漸被社會及政府看到，但仍有很多難以改變。出演音樂劇的鄭尚恩就跟我說過：「藝術領域很多東西都還是人在決定事情，要真的公平透明，並不容易！」

直擊暗黑大學路（二）：用演的社會運動

「走吧，週末來去看戲！」這句話比起在日韓地區，在台灣似乎比較不容易聽見。除了我們的劇場工業仍未蓬勃之外，劇場在一般人們的心中，仍然偏向「高、大、上」的刻板印象，有一點距離感。相較於台灣，韓國的劇場工業已相當成熟。除了一般的定目劇或是商業走向的音樂劇之外，還有不少劇團致力將表演連結社會，讓民眾可以更輕易地去看場戲。

透過戲劇關心社會

根據經濟合作暨發展組織（OECD）統計，韓國二〇一五年的自殺率再度蟬聯榜首。由此可見在韓國社會中，人們所承受的壓力相較其他國家或許更高，所以才會造成如此居高不下的自殺率。而除了有政府和民間組織的配套輔導在解決這些社會問題，還有一個團體也正透過他們的專業進行各種活動，希望讓原本什麼都要「吧哩吧哩」（빨리빨리，韓文快一點之意）的韓國人，可以慢下腳步，想想自己的處境，關心一下這個每天朝夕相處的社會。

在首爾大學捷運站附近的一間傳統小酒館，店內淡淡明太魚的味道，搭上幾位已經

大學路獨立劇場「波動現象」的創辦人兼導演夕陽。

喝得微醺的阿揪西（아저씨，大叔）拉開嗓音高談闊論，讓這次的訪談更顯得熱情。筆名夕陽（씨앙）的大哥，舉手投足都有劇場導演的氣質。他是大學路獨立劇場「波動現象」（直譯，맥놀이）創始人之一，十幾年來透過這個劇團表演，不斷為LGBT（女同性戀者、男同性戀者、雙性戀者與跨性別者之英文首字母縮略字）發聲，希望讓韓國社會大眾知道，這個族群並不可怕。

「在大學時期，我們幾個朋友組了讀書會，大家聊天的時候並不知道其中一位成員是同志，所以我們像一般韓國人一樣，常常會開同志的玩笑。但有一天他向我們坦承出櫃，讓我們全部都感到相當抱歉，甚至羞愧。」夕陽喝下一大口啤酒後繼續說：「從那個時候

大學路上不同的劇場有不同類型與導向的戲劇演出。

開始，我們決定要以自己的力量，來改變這個社會對同志的不公平待遇，於是『波動現象』劇團就誕生了。」在一旁靜靜聆聽的金晝夜（筆名，김쭈야）補充道：「在韓國，多數家庭無法接受自己的子女是同志，甚至還會認為出櫃成為同志就等於死了，屬於極端保守的社會。」我訝異地反問：「所以就會被切斷親屬關係的意思嗎？」金晝夜回答：「可以這麼說，因為你出櫃之後，家庭在社會中就像是不存在一樣。為了繼續其他家庭成員在社會的位置，家長就會當你是『不在了』。」

大家聊得越來越盡興，另一位劇團成員也在下班後趕到小酒館來，跟我們分享他的經驗與想法。身穿整齊的襯衫，一絲不苟的態度中流露出一股雅痞風格，他是在波動現象中出

櫃，化名喬吉（音譯，저기）的演員。「其實不管是在當兵的時候或是在社會上，韓國歧視同志的風氣不只是嚴重，還很『自然』。」喬吉苦笑幾聲繼續說：「為什麼自然？因為他們不覺得那些言語或態度是歧視，所以才會不知不覺地傷害到別人。」我問了喬吉一個私人問題：「那你的家人知道後有什麼反應？」喬吉再苦笑了一聲回答：「沒有，我家人還不知道。」一瞬間，我感到一陣鼻酸。

社會的壓力扭曲了人的價值

在父權主義強烈的韓國，社會通常會要求男人要「有肩膀」、女人要「守婦道」。所以無論是在學校、家庭或是社會裡，這樣的氣氛都相當濃厚，讓一般 LGBT 族群相當難以生存，甚至不敢誠實面對自己。「我加入波動現象演出，最主要的原因其實不是想要改變社會風氣。我只想要讓那些跟我一樣的人，可以有勇氣面對自己，知道他們並不孤單、並不奇怪。」喬吉眼神堅定地看著我，一字一句吐露他的想法。而這也讓我感受到，這個社會對同志的不友善，讓他吃了很多苦。

除了特定族群在韓國備感壓力外，韓國學生背負的壓力也是引發自殺率頂天的因素。金晝夜後來也跟我聊了自己的高中、大學時期，以及後來從演員轉向導演工作的歷程。金晝夜高中三年級因為沒有考上「好的大學」，輟學兩年準備重考。而在這段時間裡，她生不如死，除了家人對她沒進入大學感到羞恥之外，她的高中同學也常常「同情」她。而她甚至因為壓力過大而曾試圖輕生，但幸好急救後保住性命。「我希望透過戲劇，創造一個沒有人會想要自殺的社會。我不希望我的故事發生在其他人身上，因為真的太慘痛了。」金晝夜雖然笑笑地跟我說，但從這些沉重的言語間，能感受到她背後的辛酸。

另外，除了社會議題之外，也有劇團或是表演者透過戲劇，對政府頒布的政策做出回應。例如在世越號事件發生之後，有許多劇團都以各種方式，直接或間接地斥責政府怠忽職守。其中一位長時間以表演工作為志業的李尚（音譯，이상），也分享了自己在做街頭表演時的理想與目標。

大學路上的戲劇購票亭。

首爾大學路入口的標語。

表演本身就是答案

臉上不時帶著笑容，手上身上紋著代表各個社會運動的紋身，他是街頭表演者李尚。「我的表演其實並沒有要向觀眾傳達什麼訊息，舉例來說，幾年前我穿上韓國 Kakao talk（韓國通訊 APP）裡面人物的服裝，然後拿張椅子坐在仁寺洞街上，把自己綁著，看民眾有什麼反應。」我感到不解反問李尚：「為什麼這樣做呢？」「因為那時候朴槿惠政府頒布新法令，要開始監視全國 Kakao talk 的對話內容，根本是侵害人權。」李尚憤憤不平地說。

二〇一四年韓國政府頒布新的行政命令，美其名為保障國家安全，開始全面性地監控通訊軟體，如 Kakao talk 或是 Line

等韓國民眾使用頻率高的軟體。但這樣也激起了一系列的反對，李尚就是其中之一。「那時候在街上，有不少民眾剛開始只是停下腳步看著我，開始跟朋友們討論。也有一些民眾直接走過來，試圖將綁在我身上的繩子解開。」李尚笑了笑繼續說：「因為我們綁得很緊，所以一個人解不開，於是就有越來越多人過來幫忙，把這個桎梏的枷鎖解開了。」李尚接著說：「我們這樣的表演，並沒有要傳達什麼特定訊息，純粹就是希望激起民眾的反思。」

像李尚這樣的表演者在韓國並不算稀有，不少偏左派的 NGO 或是獨立表演者，常常會在大學路、弘大或是仁寺洞等地方表演，希望引起民眾們的注意，反思自己生活的社會中有哪些事需要改變。然而，除了民間團體及劇團之外，其實韓國政府也很會利用戲劇的方式，向國際社會傳播想要傳達的訊息。

戲劇作為一種政府宣傳工具

前總統李明博在上任之後，積極推動一項名為「韓餐世界化」的政策。最主要就是希望將韓國料理推向世界，躋身世界四大料理（中、日、法、義）之後的第五大美食排行。因此，韓國政府除了推動各式的博覽會跟美食展之外，還與劇場合作，創造了目前相當火紅的「拌飯秀」定目劇。這結合了韓餐世界化的國家政策，並利用韓流軟文化輸出的方式，一方面促進戲劇產業的多元，另一方面將韓國料理推向世界。拌飯秀的劇團在鐘路這個昂貴的地段，擁有一間大型獨立劇場，甚至還有拌飯秀的紀念品特賣中心，可以看得出來，劇團得到政府鼎力資助。

韓國戲劇產業無論是在首爾大學路或是釜山的獨立劇場，都有各自不同的問題及表演導向。對於市民或是政府而言，戲劇是最直接能跟大眾接觸、傳達訊息的方式之一。這讓原本可能只是高階視覺及聽覺享受的戲劇，變成一種令人看完後能反思當前各種現狀的作品，使得戲劇更親民、也更加融入社會。

「拌飯秀」是韓國政府推廣韓國料理至全世界的利器。

Ch 3 你所不知道的「地獄朝鮮」

這起世越號事件，除了船上的船員不顧乘客的安危棄船逃跑受到詬病之外，政府在緊急狀況時的無作為，以致於錯過黃金七十二小時救援時間，也相當受到民眾批判。事件發生當下，海警為了控制民眾的情緒，甚至還發出「檀園高中三百二十五名學生全數獲救」的假消息，讓現場的狀況相當混亂，一個接一個的謊言，讓家屬對政府以及媒體的信心蕩然無存。

財團治國？無法無天的財閥掐住韓國命脈

三星集團指定接班人李在鎔，用力往檜木製的會議桌上一拍，跳起來大聲斥責數十位與會的子公司代表，表示因為智慧型手機 Galaxy 系列銷售成績慘淡，有人將要為這個結果倒大楣！會議結束後，馬上有消息傳出，三星電子的總部要在最近裁員百分之十。而韓國社會對這個新聞的反應則是喜憂參半，韓國人不曉得應該為這個「作惡多端」的大財閥的遭遇感到欣慰，還是要為這個幾乎可以代表韓國的國家企業經營不善感到擔憂，韓國人，非常苦惱。

上面的會議情形只是筆者想像出來的畫面，但三星因為銷售成績不佳而可能面臨裁員則是確實的消息。一間公司是否要裁員若發生在台灣，可能不會造成整個社會的討論，但三星之於韓國則是另外一回事。韓國的經濟有很大一部分被財閥把持，光是一個三星集團的銷售額，就佔了國家百分之二十二點一的GDP。所以無論是食衣住行育樂，在韓國，財閥真的是有喊水會結凍的力量。

背離民意的特赦

在二〇一五年八月十三日，也就是韓國光復節前夕，韓國前總統朴槿惠宣布實施特赦，全國各監獄中，共有六千五百二十七名罪犯受惠。而其中也包含了韓國SK集團的會長崔泰源，及其他共十三名高知名度的商人，一起在這次的特赦中被釋放。消息一出，震驚韓國社會。朴槿惠是以「幫助國家經濟復甦」的理由釋放財閥首領，但這個說法並沒有讓全國百姓埋單。在崔泰源被釋放的同時，有韓國媒體做了民調來檢視民眾對這次特赦的看法，總共有約百分之五十四的民眾反對特赦，只有約百分之三十五的人表示支持。

或許有人會說，有可能將這幾位商界首領放出來之後，他們真的會痛改前非，努力為國家經濟發展打拚，回報國人及政府的慈悲。那就讓我們來看看崔泰源是為什麼被關，以及他之前做過什麼事。

SK集團在韓國屬於五大財閥之一，主要的營業項目集中在石油及通信，韓國超過百分之五十的通信市場被SK佔據，與台灣直接競爭關係的DRAM廠商SK海力士半導體公司也是SK集團的子公司，在韓國擁有數一數二的影響力。如此龐大影響力的企業，若有心，可以對社會做出不少貢獻。但會長崔泰源可能沒有這樣的想法。

其實這並不是崔泰源第一次犯罪，也不是第一次被特赦。崔泰源在二〇〇三年曾因為會計詐騙案遭到檢方起訴，並被法院判刑三年，但最後他只坐了七個月的牢，在二〇〇八年被前總統李明博特赦出獄。而就在同一年，崔泰源再度被檢方檢舉，私自挪用四百六十五億韓圜（約十二億新台幣）的公司資產，進入股票市場投資期權和期貨。被發現後的崔泰源不甘心，用財閥所擁有的一切資源上訴，但因為罪證確鑿，被法院判刑四年徒刑，並在二〇一三年一月入獄服刑。而這次他也沒有服完該服的刑期，同樣也是被當權者以為了「實現全國和解及重振經濟」的理由，輕易釋放。

朴槿惠的這個舉動觸動了韓國一條相當敏感的神經，除了財閥長時間在社會上「魚肉鄉里」之外，還有朴槿惠曾在二〇一二年競選總統時，提出其中一項保證就是會對財閥進行更嚴厲的控管，甚至提出「經濟民主化」的口號，表示會減少社會上的貧富差距，減輕平民百姓的經濟負擔。但這在八月的特赦，讓全國民眾看到朴槿惠已經背離當時對選民的承諾，讓她已經不斷下墜的支持率繼續下滑。

其實不只朴槿惠，前總統李明博也有數次特赦財閥的經驗，尤其是在他二〇〇八年卸任之前，一口氣特赦了三大財閥的首領。其中以韓華集團總裁金升淵教唆黑社會暴打KTV服務生，卻居然可以受到特赦，最讓韓國百姓不滿。另外，李明博也在二〇〇九年以協助國家獲得奧運主辦權為由，特赦了逃漏稅的三星現任會長李健熙，再度掀起韓國社會的反感。但很有趣的是，目前在訪問一些韓國民眾時，他們一般都表示對財閥不齒，但又非常希望有朝一日可以加入大財閥的行列，成會社會上的既得利益者。

對內是憤怒，對外卻成為驕傲的財閥

一位曾到台灣打工度假的禹小姐曾對我表示，「對財閥的感覺在國內跟在國外又是兩回事了！雖然財閥很可惡，但是出國面對其他國家的人，三星跟現代等等品牌，可以說就是代表韓國的品質。所以我跟台灣人或其他外國人說到三星，都還是會很驕傲，因為三星在國際市場上越來越強，也越來越有名了。」

在我曾任職的韓國ＮＧＯ參與連帶，同事在茶餘飯後聊天時也跟我說，在經歷了這麼多年，不斷幫人民爭取權利以及監督政府等等的活動下來，他們都認為以媒體或民間團體的壓力對政府請願或施壓，遠比從財閥手中爭取一點點權利還容易。政府每五年換一屆，但財閥大多都是一個領導人一直做到無法做之後，才會有卸任的可能。再加上韓國許多財閥無論在媒體或政界上，都有相當的影響力，所以要跟這些權力如日中天的財閥對抗，非常辛苦。（被法院定罪都可以放生了，還有什麼難得倒他們？）

韓國財閥的尾大不掉不是一天兩天所造成的，除了以往政府的經濟政策走向使然之外，韓國人的民族主義非常強烈，再加上韓國社會中長幼有序和階級分明的型態等等，才會讓韓國成為一個被財閥牢牢把持的國家。

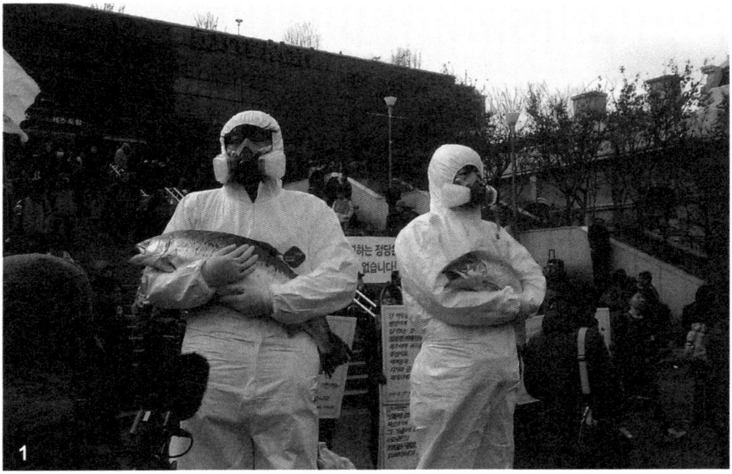

1 首爾龍山站附近民眾以行動劇的方式抗議。

2 首爾龍山站附近市區景色。

從朴槿惠的閨蜜門事件，淺談韓國人的「集體主義」民族性

群眾高舉雙手，大聲慶祝。「天啊！彈劾通過了！」一旁兩位女士抱在一起，幾乎喜極而泣。在南韓地鐵國會議事堂站的公共電視機旁，近百位民眾透過地鐵站的電視螢幕，見證國會通過總統朴槿惠的彈劾案，一時間歡呼四起。我拿著智慧型手機拍下這一瞬間，受到民眾欣喜的氛圍感染，但身上的雞皮疙瘩也不斷冒出，心中暗暗自忖：「這個國家，真的成功被人民改變了嗎？」

人民的憤怒，國家邁向改革的第一步

時間回到彈劾案通過前，我跟一位在韓國知名報社工作的權記者在新村（신촌）飯館裡小酌，討論朴槿惠的閨蜜門事件發展。「現在的社會風氣跟八、九〇年代時的民主化抗爭感覺很像，幾乎每個人都在談論時事，表達自己的意見。」坐在我們正後方的幾位大叔，忽然拉開嗓門大肆辯論起朴槿惠適不適合當總統。後來一位大叔跟其他人意見不合，就忽然起身、頭也不回地離開餐廳，留下館子裡一臉錯愕的老闆跟客人們。

坐在我對面的權記者對我笑了一笑說：「你看，我沒有騙你，大家真的都『很熱烈地』在討論這件事情吧？」

這樣的情形讓我回憶起自己第一次到韓國，跟著參與連帶上街參加反韓美FTA的情況。二〇一一年的十一月，天氣已達零度左右，但當時上千位民眾不畏寒冷，在南韓警方的水柱前直挺挺地站著。在氣溫零下的環境裡被水柱擊中，除了疼痛外，更因全身濕透帶來刺骨的寒冷，一般人絕對受不了。那是我首次感受到南韓民眾的民族性，還有他們對政治參與的熱情，也讓我這個當時尚未經歷太陽花運動的台灣人相當羨慕。在南韓的那一年裡，我藉著在參與連帶工作的機會，對韓國社會運動有近距離的觀察。不過在羨慕的情緒當中，我也抱持著一絲絲的懷疑。

過往的韓國社會爭議往往引發左右兩派的激烈辯論，但在閨蜜門事件中，為何南韓民眾不分左右都站出來抗議，加入反對朴槿惠遊行的行列？幾位韓國記者朋友給了我一個有趣的答案。

這是身為國民的責任？

「朴槿惠的事情弄成這樣，我覺得相當丟臉！」權記者這樣回答我。我緊接著問：「為什麼會感到丟臉呢？」他想了一下之後說：「因為這是經過民主選舉過程，我們一人一票選出來的總統，我們全國對這件事情的發生，都有責任。」

也有幾位南韓朋友向我表示，大家都跑出來抗議，很大的原因就是「感到羞愧」。聽到這些答案後，一方面我很驚訝韓國民眾對國家有這麼強烈的責任感。另一方面也懷疑：這會不會只是韓國人的集體主義（Collectivism）使然，純粹是為作為群體的一員感到丟臉，與社會責任並無太大的直接關聯？

其實在台灣也有類似的情緒。近年在世界不少地方都傳出詐騙案，其中許多涉案人士國籍都是台灣，讓台灣漸漸蒙上「詐騙之島」的惡名。我相信不少人會因為被冠上這樣的稱號而感到丟臉，但是若再將這個案例類比到倒扁或反馬時期的狀況，通常就比較不會有這種集體愧疚、感到丟臉的現象。

倒朴、勞工聯盟、濟州島反海軍基地等不同的示威抗爭。

然而，在朴槿惠這個案例，除了票投朴槿惠的人感到羞愧外，連沒有投給她的民眾，也認為這是一件丟臉的事，幾乎全國上下都為這件事感到羞愧甚至自我譴責了起來。朴槿惠政權爆出醜聞，是政權內部有問題，無論是貪腐或是瀆職，都是當權者的責任，一般人民其實無須背負過多的愧疚。

國家形象高於一切，韓國人的集體主義

「這也就是我最不喜歡韓國的其中一點，集體主義。」從紐西蘭移居韓國超過五年，目前服務於國際特赦組織韓國分會的湯姆跟我說：「我對韓國不分男女、左右都上街抗議感到欣慰。但聽到你說他們是因此站出來，就有點失望了。」由於紐西蘭受西方社會重視個人主義的影響較深，再加上國際特赦組織的使命正是爭取人權，在當中工作的湯姆無法認同南韓人的想法並不讓人意外。

我也曾經遇過相當有趣的案例，有位在韓國的好友向我表示，她相當厭惡財閥在國內「魚肉鄉里」的狀況。但我們一群朋友在台灣見面時，大家聊到三星手機，她又馬上驕傲地表示，三星來自南韓。後來我再私下問她：「妳不是很討厭財閥嗎？怎麼到國外就變了？」她回答：「沒辦法，雖然他們很壞，但在國外我們還是要團結。國

家的形象比較重要。」

為什麼反對財閥壓榨的想法，一出國就改變了呢？這正是韓國人潛意識中的集體主義使然。儘管大財閥在國內無所不用其極地剝削勞工，但在國際上，個人利益就被擺在國家之後，「必須犧牲小我、成就大我」。這也造成現代韓國社會的許多不公，尤其幾位財閥領導人犯罪判刑後，卻因「國家經濟利益」屢屢被特赦。南韓民眾心中不爽，但在「國家利益」面前，通常也就沉默不語了。不過，在韓國如此高壓的社會裡，還是有挺身抗議的特別份子，雖然容易被貼上「不合群」，甚至「不愛國」等罪名，讓反抗的聲音很難躍上主流。

回到一開始所談到的，南韓全體不分上下都站出來反對朴槿惠。有人認為總統做錯事、政府應該負責，所以出來抗議；有人純粹是因為國家爆出世界級醜聞感到丟臉；但也有人是像權記者一樣，認為自己身為國民的一份子，國家變成這樣須負上一定責任。

無論如何，人民上街示威表達自己對政府不滿的情緒下，朴槿惠政府被拉下台，韓國社會的民主化在民眾參與關心政治的行動下漸漸深化。無論上街的初衷為何，讓自己成為社會中的一份子、擔起「公民」的責任，都是值得鼓勵的。

沉沒的郵輪與
跌落神壇的公主

二〇一四年正值寒冬轉早春之際，在駛往濟州島的途中，一艘重達六千多噸的郵輪「世越號」，在四月十六日上午大約八點左右對外發出求救訊號。一時間韓國上下，全部都在關注這艘載有四百七十六人（包含檀園高等中學二年級學生三百二十五名）的渡輪搶救狀況。

世越號在十八日全部沉入大海中，最後官方統計兩百九十五人死亡、一百七十二人受傷，並有九人至今仍然下落不明（二〇一七年將船體打撈上岸後再找到四具遺體，至二〇一八年八月為止，仍有五人下落不明）。

而這起事故在韓國檢調介入調查後，在五月十五日對先行棄船逃跑的船長及三位船員控訴殺人罪，另外十一位船員被控遺棄致死罪。原本以為事件就此告一段落，但時至今日，更多令人不寒而慄的真相，才慢慢被揭露出來。

這起世越號事件，除了船上的船員不顧乘客的安危棄船逃跑受到詬病之外，政府在緊急狀況時的無作為，以致於錯過黃金七十二小時救援時間，也相當受到民眾批判。事件發生當下，海警為了控制民眾的情緒，甚至還發出「檀園高中三百二十五名學生全數獲救」的假消息，讓現場的狀況相當混亂，一個接一個的謊言，讓家屬對政府以及媒體的信心蕩然無存。

前總統朴槿惠也在二〇一四年五月十九日在電視機前，聲淚俱下地向全韓國民眾道歉，並且解散了被批評為瀆職的海洋警察廳，成立新的國家安全處來負責世越號的搜救與未來海上巡警的工作。但是這樣就結束了嗎？在世越號事件發生當下，時任青瓦台首席秘書的李貞鉉曾兩度打電話給韓國國營電視台KBS，施加壓力要求撤掉批評政府的報導，而這兩份電話錄音，在二〇一六年六月底被人爆料揭露，顯示了政府企圖控制媒體在這個事件的報導走向。

其實在現代韓國歷史中，政府單位施壓媒體或是國家暴力的事情並非前所未見（甚至還是屢見不鮮）。世越號事件是無

倒朴民眾前往國會殿堂前抗議，希望國會議員通過朴槿惠的彈劾案。

論韓國左右派都同聲譴責的重大「人為事故」，政府無形的手暗地操作媒體風向的行徑更是令人髮指。

跌落神壇的公主

前總統朴槿惠在世越號悲劇發生之後，從首位獲得超過半數選票的總統，支持率下跌到百分之五十六，到了二〇一五年還因為前議員成完鐘輕生留下的一張九人名單爆發朴內閣貪腐醜聞，導致時任總理李完九下台，朴槿惠的支持率也跌到百分之三十四。

雖然她的支持率一度因為韓國在外交上的斬獲而上升，但到了二〇一六年，

倒朴民眾聚集在國會殿堂前。

倒朴抗議開始前，各式旗幟倒在路旁。

隨著崔順實閨蜜門醜聞被揭露之後，一連串滾雪球式的內幕不斷傳出。一直到二〇一六年底，朴槿惠的支持率只剩下個位數，成為史上支持率最低的總統。二〇一六年十二月九日，韓國國會以兩百三十四票贊成、五十六票反對、二票棄權跟七張無效票通過了對朴槿惠的彈劾案，終止朴槿惠的總統職權，由總理黃教安暫代。

二〇一六年底韓國的冬天因為民眾上街抗議朴槿惠的燭光，讓冷冽的寒風出現跟以往不同的光景。在跨年夜的晚上，光化門廣場上的民眾跟著舞台上主持人的呼喊，整齊地吼出自己的訴求。雖然還是有少數鐵桿挺朴的民眾舉著韓國國旗喊出支持口號，但是在民調的數字上可以看出來，朴槿惠大勢已去。

二〇一七年三月三十一日，韓國憲法法庭八位法官做出一致的判決，裁定彈劾成立，讓朴槿惠成為了韓國史上第一位遭彈劾失去職位的總統。（盧武鉉曾遭到彈劾，但最後遭憲法法庭駁回）而在她遭到起訴羈押之後，二〇一八年四月她因為十六項罪名被判了二十四年徒刑，甚至後來又因為其他罪名再加上八年徒刑。

這位前獨裁者朴正熙的女兒，從母親陸英修去世後代理國家第一夫人的身份、父親遭到暗殺；到後期進入政壇成為右派政黨的領袖，甚至成功得到國家元首的職位，但是下場卻令人不勝唏噓。

挺朴人士人數雖然不多，但相當引人注目。

常常可以聽到人們將韓國評價為一個「極端」的國家，無論是民族性還是國家的走向，每次的發展都讓人感到驚訝。朴槿惠淪為階下囚，左派的總統文在寅上台，且他的政黨在二〇一八年的地方選舉大獲全勝，讓韓國政治勢力在短短幾年間出現大幅度的改變。

「我覺得他有種自己是救世主的感覺，我不喜歡。」一位長期參加韓國和平運動的朋友在二〇一八年夏天跟我說了她對文在寅的感覺。當時我不自覺地想著：朴槿惠從剛上任時的高支持率一直到最後的悲慘下場，希望不會在文在寅的身上重演。

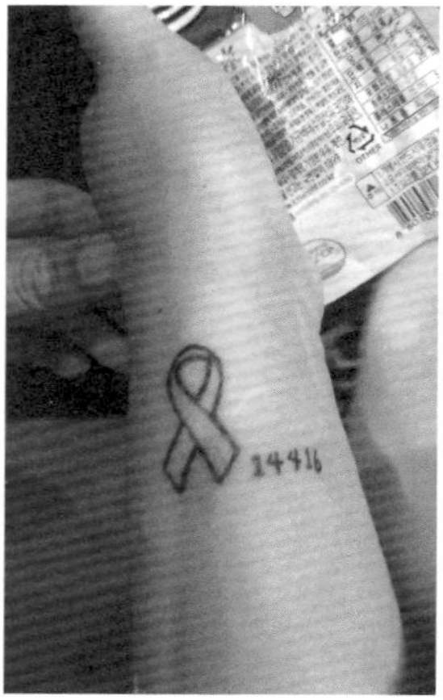

社運朋友手上刺著象徵世越號的黃絲帶以及悲劇發生日期。

朴槿惠在二〇一七年遭到彈劾下台，成為韓國史上第一位因彈劾下台的總統。

韓國與美軍之間的愛恨情仇

「他們當然要為自己的安全埋單，憑什麼要我們來付錢？」美國總統川普（Donald Trump）在二〇一六年的共和黨大會中表示，美國士兵長期在盟友的國家駐軍耗費心力，要求各國多繳點「保護費」，韓國當然也是其中之一。同年川普跌破全世界的眼鏡、當選美國總統。這讓原本不太在意川普發言的韓國，開始認真面對川普式的美國老大哥作風。

二〇一七年九月，六輛美國薩德（THAAD）反飛彈系統全部進入部署地星州郡，韓國成為美國東亞飛彈防禦系統的一環。川普也再度開口，要求韓國政府必須付三百零二億台幣（十億美金）的費用，維持這些「為了韓國好」的防空飛彈系統。

而駐紮在星州的薩德防空系統防禦的範圍並不包括韓國的首都首爾，並且在環保與居民健康上有相當大的疑慮，但當時屬保守派的朴槿惠政權仍強行通過這個決定，弄得全韓國天怒人怨。甚至連傳統上是保守派大票倉的星州居民也發起激烈抗議，除了反對朴政府的決策外，也對美國的霸道表達不滿。

為什麼川普所領導的美國可以這樣對韓國頤指氣使？派軍隊在別人國家趴趴走就算了，還要對方為這些開銷付錢？美韓之間從一開始就不是平等的關係，雖然兩國是正常的國與國平等來往，但因為歷史上的種種因素，讓兩國之間的關係相當微妙。

駐韓美軍人數簡表	
陸軍（第八軍團）	19,755 人
空軍（第七航空隊）	8,815 人
海軍（第七艦隊＋美國駐韓海軍）	274 人
海軍陸戰隊	242 人
總人數	29,086 人

資料來源：United States Forces Korea Official website, http://www.usfk.mil.

尤其是根據現有規範美軍在韓國身分的《駐韓美軍地位協定》（U.S.-R.O.K Status of Forces Agreement, SOFA），美軍仍在韓國有一定的特殊身分，甚至在戰時，韓國的六十五萬大軍是由美國人指揮，這在世界各朝代、王國歷史中雖然不是特例，但通常會是從屬國或附庸國才有的狀況。但當然，韓國並非美國的衛星國家，但為什麼會導致如此狀況發生，必須從二次大戰的一場祕密會議說起。

讓韓國無法擺脫美國控制的《大田協定》

在一九四四年美、蘇、英等國組成的盟國成功在法國諾曼第登陸之後，二次世界大戰的戰局漸漸扭轉，這幾國的首領們也開始了解到，大家應該要坐下來聊一聊，一起決定戰爭結束後世界的樣貌。一九四五年二月四日至十一日，英美蘇三國領袖祕密在俄國見面會談，在多項他們商議的事項中，也決定了朝鮮半島未來的命運，這場會議史稱「雅爾達密談」。

同年八月，美軍在日本的廣島與長崎各投下了一顆原子彈，結束了二次大戰的亞洲戰場。朝鮮半島也根據雅爾達會議的精神，依北緯三十八度線劃成南北兩個託管區。

這也是為什麼從一九四五年九月到一九四八年八月將近三年的時間裡，朝鮮半島南部是交給美國的「駐朝鮮美國陸軍司令軍政廳」（United Sates Army Military Government in Korea）託管。在這段時間，當地人若犯罪，將會在美軍所開設的法庭中以英文進行訴訟，一切都以美軍的規矩、準則做為圭臬，幾乎沒有自主權。

在一九四八年八月大韓民國成立到一九四九年六月這段時間，原本託管韓國的美國軍政府漸漸撤出。雙方在此時訂定《過渡期暫定軍事安全行政協定細項》，內容雖然仍給予美軍在韓國擁有相當高的治外法權，但韓方希望可以在未來獲得正常國家的狀態、一定程度上減少對美國的依賴。

但在一九五〇年六月二十五日，韓戰的爆發讓韓國發展成為獨立自主國家的導向暫停，並且轉向更加依賴美國。韓國當時的大統領（總統）李承晚為了讓美軍與韓軍可以更有效率地對抗北韓入侵，在同年七月與美軍簽訂了《大田協定》，將韓國的軍事指揮權交予美軍。雖然說這是為了特殊時期所採取的特別手段，但這也讓韓國的未來在《大田協定》之後，難以擺脫美國老大哥的控制。

美軍＝救世主？

韓戰期間因為北韓入侵的暴力、美軍幫助韓國抵禦外敵以及政府對美軍許多的正向宣傳，讓韓國社會普遍對美軍的印象猶如「救世主」一般，高高在上。尤其現在座落在韓國首爾三角地地鐵站附近的戰爭博物館中，仍有許多讚揚美軍幫助韓國的歷史場景故事擺設與宣傳。

當然，因為朝鮮半島特殊的原因與韓國長期被軍事政權把持，韓國社會對於美軍在韓戰或是在韓國本土曾做過的事，通常都是報好不報壞。但也因為時代演變以及軍事政權退場、民主意識抬頭，漸漸有越來越多人對美軍就是救世主的歷史角色提出質疑，並且有許多原本不為人知的歷史被挖出。

一九五〇年韓戰爆發初期，北韓軍隊勢如破竹讓美韓聯軍兵敗如山倒，驚慌與敗退的挫折感以及北韓潛間諜到處都是的感覺瀰漫在聯軍之中。而這也導致當時有了寧可錯殺一百、也不可放過一人的想法。

一九五〇年七月二十六日在忠清北道的老斤里附近，就發生了一件「老斤里良民虐殺事件」（노근리 양민학살사건）。當時因為美國第一騎兵師被北韓軍隊戰略包圍，

每年夏天在濟州島上民眾都會舉辦反對江汀村海軍基地的遊行示威。

而載有美軍裝備的卡車與因為戰事波及開始逃跑的難民混在一起，除了軍隊行動被拖慢之外，美軍也獲得情報聽說難民內有北韓間諜潛伏。因為害怕被北韓間諜滲透而採取了無差別濫殺，甚至以美軍戰機在老斤里村上方對難民掃射，一時間屍橫遍野、死傷無數。

有些許難民幸運地靠著屍體的掩護存活下來，但這個事件卻在韓國政府與美軍的刻意隱瞞下，成為一個不能說的祕密。一九九四年老斤里居民成立了調查委員會，要求美國及韓國政府對此事件展開調查，但剛開始都被以「證據不足」拒絕。一九九七年死者家屬再向當地的地檢署提出訴訟，但仍被以同樣的理由回絕。最後美聯社（Associated Press）記者在一九九九年報導這起事件，將層級拉高到國際之後，韓美雙方才開始正視此事件。

時任美國總統柯林頓在二〇〇一年一月十一日，對老斤里事件作出了美國官方的正式道歉，美國國防部則對外宣稱這是一項「戰爭時期無法避免的悲劇」。最後，韓國政府在二〇〇五年的報告中指出總共有一百六十三人在這起事件中死亡、並有五十五人受傷，但也在報告的最後註明仍有許多死傷者沒有被登記或發現。無論如何，現在回過頭來想一想，若美聯社當時沒有深入報導，這件事就會永遠被兩方政府給壓下，緘口不提。

重挫美軍正義形象的社會案件

在八〇、九〇年代，韓國因為受制於軍事政權下，許多跟美軍相關的案件都被當局隱藏或以國家安全的藉口「河蟹」（和諧）掉了。在韓國民主化之後，美軍在韓國的所作所為才開始受到民主與社會的檢視。

例如在一九九二年，一位在首爾梨泰院（이태원）酒吧工作的服務生（윤금이）下班之後，在回家的路上遭到駐韓美軍 Kenneth Lee Markle 尾隨，強行侵入住宅後以異常殘酷的手法性侵後殺害。[1]

另外，二〇〇二年在議政府市（의정부시）的軍事演習中，一輛駐韓美軍裝甲車壓死了兩位韓國十四歲的女中學生（신효순、심미선），在案發現場還有裝甲車履帶

來回輾過的痕跡。[2]而這些犯案者都因為美軍的身分而受到特殊待遇，被害者家屬深感不平之外，韓國民眾也群情激憤。

這些案件讓韓國憤怒的民意像滾雪球一樣越積越大，不僅重重影響了美軍原本正義之師的形象，韓國人民也開始要求修改《駐韓美軍地位協定》中給予美軍的治外法權。

在二〇〇二年修改《駐韓美軍地位協定》之前，美軍犯下殺人、性侵等重罪都須由美方司法機構拘留或逮捕，但在修改之後則交由韓方的司法單位處理。另外，二〇一三年也改變了美軍原本擁有的營外司法權，漸漸限縮美軍因為歷史因素所享有的特權。

雖然經過數十年的變革，美軍在韓國社會中的地位已有所改變，但是遇到國家安全等級的問題時，美軍在韓國仍享有至高無上的權力。

右派總統朴槿惠遭彈劾下台後，左派總統文在寅受到廣泛支持上台。文在寅在二〇一七年九月宣布，會儘早跟美軍談判，收回《駐韓美軍地位協定》中在戰時必須交出韓國軍隊指揮權給「韓美聯合軍司令部」的規定，[3]希望讓韓國成為一個正常的國家。

這個規定是因為韓戰時期的特殊時空背景才產生的協議，時至今日協議內容雖然有所更動，但許多過時的條例仍遭到韓國社會詬病。在一九九四年以前，韓國軍隊無論是在戰時或平時，軍隊的最高指揮權都是歸屬於韓美聯合軍司令部。一九九四年收回平時軍事指揮權後，在二〇〇五年盧武鉉前總統正式向美軍提交收回戰時指揮權的談判，雙方協議在二〇一二年決定交還指揮權給韓國總統。但在李明博總統時期，雙方將時間延期至二〇一五年，後來又在二〇一四年決議將時間再度延期至二〇二〇年代中期完成指揮權轉移。

民眾披著反對薩德反飛彈系統在韓國部署的布條。

美國利益＝韓國利益？

美軍與韓國之間的關係除了《駐韓美軍地位協定》佔有重要的角色之外，一九五三年韓戰結束後兩國簽署的《韓美共同防禦條約》（Mutual Defense Treaty Between the United States and Republic of Korea）也是奠定兩國關係的重要條約。這個條約規定，韓美兩國在亞太地區若遭到攻擊，另一方都有義務出兵援助。

也就是因為如此，這個協定讓美軍長年在韓國領土上防止北韓入侵。而相反的，韓國也在越戰、重建伊拉克以及中東許多國家派出軍隊幫助美軍。雖然在韓國社會中，大多數人仍覺得韓國軍人出國幫美國打仗是「兄弟互挺」的概念、理所當然，但是在這個議題上，並非沒有反對的聲音。

「我們應該撤回所有在中東的韓國軍人，因為我們根本不是為了維和的原因參與任務。真正的原因只是因為美國要我們去。」劈劈啪啪的聲音，塑膠筷在盛滿韓式炸醬麵的瓷碗中攪拌。快速俐落但帶有力道的動作，讓韓國NGO參與連帶的組員金喜順對駐韓美軍的怒意爆發。

在韓國社會裡像是參與連帶一樣被歸類於左派光譜上的NGO，通常對於美軍的議題比較敏感。另外，除了韓國軍人在海外為美國國家利益衝鋒陷陣之外，近年來濟州島海軍基地的建設，也讓這個小島有可能成為中美兩個大國角力的最前線。

濟州島上抗議海軍基地的活動從二〇〇七年就已經開始，除了反對韓國政府在這裡建立海軍基地影響當地生態之外，也因為害怕美軍可以根據《駐韓美軍地位協定》，不經詢問就使用這個海軍基地，讓濟州島變成亞洲的另一個沖繩，是當地居民與參與連帶反對基地建設的最大原因。

但韓國支持美軍駐紮「保護」韓國人民安全的民眾仍佔多數。一位從小在議政府美軍基地附近出生長大的金珉成在受訪時表示，他認為韓國還是需要美軍保護，尤其南北韓兩國，法律上仍屬於戰爭狀態（只簽停火協議沒簽和平條約），相當危險。「無論如何，先要打仗打贏之後再說，打不贏連談判的機會都沒有！」金珉成一臉嚴肅地跟我說，他認為美軍在韓國雖然做了很多令人厭惡的事，但這也是沒辦法的事，韓國人不得不接受。

二〇一八年，一連串的文金會、川金會等世紀會議讓韓國與國際社會一片看好朝鮮半島未來的發展，但在歷史上玩弄外交手段達成擁核目標的北韓，動機仍令人懷疑。

美軍在韓國的身分因為時代的演進而改變，但也因為北韓的存在，讓美軍在朝鮮半島上的角色仍顯得重要。但也有人表示，就是因為美軍仍駐紮在韓國，才讓北韓因為自身安全受到威脅不斷擴張軍武，兩韓事務應該留給兩韓解決，美軍不應插手。

無論如何，美軍如救世主般高高在上的身分已經不再，但兩韓事務上美國仍有相當大的影響力；即使文在寅成功將戰爭指揮權收回，美國對於韓國的身分也只會從以往跋扈的老大哥變成背後的影武者，並不會消失。

1 駐韓美籍士兵 Kenneth Lee Markle 在一審被判無期徒刑，但加害者上訴後二審判刑十五年，最後加害者在韓國監獄服刑十三年之後返回美國。

2 議政府肇事的美軍駕駛兵，案發後並沒有被送至韓國司法程序審判，因為當時韓國對於駐韓美軍並沒有司法管轄權，雖然肇事的兩位駐韓美軍（Mark Walker, Fernando Nino）被美軍判處過失殺人（negligent homicide），但最後仍送回美國本土。

3 根據《駐韓美軍地位協定》的規定，若韓國面臨戰爭威脅，統帥韓國軍隊的領袖並不會是韓國民選總統，而是韓美聯合司令部（ROK/US Combined Forces Command）的司令。司令為駐韓美軍司令兼任，副司令為韓國陸軍四星上將。

Ch 4

北韓

猜不透的神祕國度

人民在北韓金氏政權的極權統治下，沒有人身自由，更別說人權或是追求生命幸福的自由。也因為如此，從八〇年代末期開始，就一直有北韓人從中朝邊界逃出。而逃出北韓的人數一年接著一年上升，一直到金氏王朝第三代金正恩在二〇一二年上台後，邊界管制趨於嚴厲，才讓脫北者的人數慢慢下降。但這些脫北者，全部都是因為政治因素而離開的嗎？全部都如南韓媒體所說的，恨透北韓政府嗎？

跟北韓交流？金氏王國與台灣的關係

時不時試射飛彈、核子試爆，讓全世界的目光都聚集在朝鮮半島，這個愛「搗彈」的北韓，讓美國、中國與日本等大國都束手無策。而這個國際眾矢之的、令人頭疼的國家，與往南直線距離約兩千公里的台灣雙邊關係如何呢？我們兩邊有過交流的歷史嗎？台灣與這個跟世界隔絕的國度在貿易上有沒有往來？一般的台灣民眾，可以到北韓去走走晃晃嗎？

凡事都有第一次

前總統李登輝的大掌櫃劉泰英在自傳中提到，一九九二年台韓（南韓）斷交之後，台灣開始透過接觸北韓的方式，希望在朝鮮半島上與對岸的較勁中不至於落得全盤皆輸，因此開始嘗試接觸北韓官員。當時北韓要求台灣貸款兩億美元，用以協助完成當時在平壤相當於台北一〇一的柳京飯店。而台灣政府因害怕這筆錢一去不復返，也並非有求必應，經過談判後，成功獲得在完工後的柳京飯店附近設置兩國貿易特區的承諾。

由於北韓當時不滿中國與南韓建交，所以相當積極地回應台灣的要求。兩國官員也因此開始真的著手互訪，研究商討這項交流的細節。但很可惜的是，台灣官員走漏風聲，被美國山姆大叔發現。「聖諭」一下，長期吃美國奶水長大的台灣也只能吞下去，終止了這項互動，回到過去不相往來的狀態。

這就是中華民國政府撤退到台灣之後，首次跟北韓的官方接觸。但有一就有二，柳京飯店合約破局後，雙方還是斷斷續續地交流。最後北韓在一九九六年成功於台北設立了海外總代理事務所，處理兩國旅遊觀光事宜。而到了二〇〇九年，台灣外貿協會設立了台灣朝鮮貿易協會，負責兩國之間的貿易交流，因此，雙方雖然沒有正式邦交，但也可以開始合法進行商業貿易。

「北韓商人很淳樸！」

在台北信義區的一家餐廳，每個禮拜三都會有中文、韓文的語言交換活動。當我進入餐廳找到跟我約訪的張小姐後，發現席間的男男女女都以相當流利的韓文在交談，彷彿置身韓國。「聽我公司的姐姐說，北韓貿易代表第一次來的時候，他們待人接物的感覺，真的好淳樸！」張小姐受僱於一家長期跟北韓有貿易關係的台灣公司，在受訪時不斷比手畫腳，希望讓我了解她在跟北韓商人交流時的經驗。

「我跟他們通電話的時候，發現他們除了韓文的口音跟南韓很不一樣之外，口氣、語法都很軍事的感覺，好嚴肅。」張小姐語帶興奮地跟我說：「我們打電話過去北韓，

中國東北的延邊朝鮮族自治州是北韓跟中國交流的邊境。

要先打到他們一個類似中央轉接中心的地方，然後報上自己公司名稱代號、跟想接洽的北韓公司，他們才會幫我轉接。」我不禁瞪大了眼睛回應：「他們管制真的很嚴！」張小姐的公司跟北韓交易來往已有十五年歷史，主要是進口鎂礦，再將買來的原物料轉賣給台塑、中鋼等大廠商，從中賺取差價。

「我們公司剛開始跟他們做生意的時候，一年大概會到北韓兩三次。而他們大概是三年來一次，不會待超過一個禮拜。剛來的時候很嚴謹，但是私底下也會開開玩笑，喝酒打屁。」張小姐一邊回想一邊描述：「他們在跟我們老闆講話時很謹慎，但是跟我們一般員工或是經理說話就會比較豪邁，甚至會在車上撕明太魚乾吃，還跟我們副總要啤酒喝，滿有趣的。」

跟特殊國家貿易的特殊潛規則

「他們有時候也會要我們幫忙買一些民生用品，像是沐浴乳跟洗髮精等物品，用散裝貨櫃的方式運給他們。」我聽了之後問她：「那除此之外，他們還有跟你們要過什麼東西嗎？」「有啊，其實他們之前有要求幫忙買一些二手電腦，我想他們應該是要買去改裝什麼的。但後來這筆生意沒做成，他們就去跟另一間台灣公司買，最後那間公司好像被南韓制裁了。」聽了之後我立刻想起這則新聞，「喔！我有聽過這件事，之前上過新聞還吵了一陣子。」

在二〇〇六年，因為北韓核子試爆，聯合國對其做出一系列的懲罰性禁運。在同一年，我國經濟部國貿局也通過了一些限制法規，防止台灣公司違反聯合國的決議向北韓出口一些「戰略性高科技貨品」。而該公司就是向北韓輸出了限制性商品像是工業電腦、通信電子裝備等，誤觸了相關法規，才會受到制裁。另外，台灣跟北韓之間的貿易主要是以進口礦物或人蔘等貨物，而北韓則是跟台灣進口一些化學原料或是飲用水等，雙方的貿易量一直都不高。

台灣公司跟北韓往來時除了要防止觸犯一些法規之外，也由於北韓對南韓的敵意，所以在互動交談時，還有一些基本的潛規則要遵守。例如提到南韓時要稱南韓為「南朝鮮」、北韓則是「北朝鮮」，對兩韓事務、政治上的議題能不談就不談。「之前有一位我們公司的姐姐，不小心脫口而出『韓國』兩個字，對方馬上就態度大轉變，對你愛理不理，很冷漠。」在張小姐細細分享公司與北韓交流的經驗時，也讓我回想到，其實除了台灣一些私人貿易公司因誤觸法規遭到國際反彈之外，台灣的國營企業，也曾因為一些敏感議題，成為國際反彈的對象。

台電曾要在北韓埋核廢料？

台灣電力公司在一九九七年時，曾跟北韓簽署計畫合約，要將總共六萬桶的低放射性核廢料運送到北韓的平山地區，交給北韓進行掩埋。而當時這個消息曝光後，南韓政府及社會發出強烈反對，認為北韓沒有完善的核廢料掩埋能力，若有閃失，會深遠地傷害同民族北韓人民的健康。為了表示反對，當時南韓甚至還有要制裁台灣的風聲傳出。

而台灣方面也有不少民族主義人士上街焚燒時任南韓總統金泳三的照片，抗議南韓干涉台灣事務。但最後由於南韓政府大力反對，中國與日本政府也頗有微詞，再加上美國暗中施加壓力，台電因而在一九九九年決定自行建設掩埋場，才讓這個計畫胎死腹中。而後來在二〇一三年，北韓政府曾派出代表及委任律師到台灣談判，要求台電賠償當年所造成約台幣三億元的損失，才讓這個議題再度回到鎂光燈下。

還有什麼交流？台灣可以打北韓牌嗎？

一般人可以進到北韓觀光或進行學術交流嗎？其實北韓最早從一九八八年開始，最先對中國遼寧開放，後來區域才慢慢擴大。台灣的旅遊團也是循序漸進，最初是由經過中國東北進入的方式，後來才有從台灣到北韓旅行團的出現。但是北韓終究是極權國家，遊客都有一定程度的限制和規矩必須遵守。

另外，雖然台灣北韓之間的學術交流近乎於零，仍有台灣人透過間接方式參加跟北韓的交流。一位曾進入北韓進行學術交流的陳奕帆受訪時表示，他在二〇一二年藉著美國柏克萊參訪團的名義，跟團一起進入了這個神祕的國度，甚至還與當時北韓副外交部長級的官員見面談話。他還提到，當時進入北韓，是用中華民國的護照入海關，並沒有受到特別的刁難。

台灣這幾年跟北韓互動，或是在最初企圖打「北韓牌」來牽制東北亞情勢，最後都是因為美國山姆大叔介入，才讓台灣無法如願。儘管台灣跟北韓兩國在許多層面上，有著南轅北轍的差異，但是在貿易觀光上的互動有逐漸成長的趨勢。然而，若是台灣企圖用政治方面的北韓牌來牽動東北亞局勢，仍有相當大的困難，除了國際觀感之外，北韓願不願意以及美國准不准，都是目前難以跨越的障礙。但是若在非政治上，兩國增加小程度的直接互動，多多互相了解，應該無傷大雅。

到底要不要「統一祖國」？韓國人對兩韓統一的看法

在南北韓邊境，但處於北韓境內的金剛山特區裡，一間偌大的大廳擠滿了來自南北韓兩邊的離散家屬。「我好想你啊！」「能再見到你真是太好了！」「沒想到我們還能再見面！」分離多年後再相聚而痛哭失聲的狀況，充滿著金剛山會面所的大廳。

南韓及北韓在二〇一五年十月，舉辦了韓戰結束後的第二十次兩韓離散家屬見面會，見面後雙方親屬嚎啕大哭的景象，一次比一次劇烈。因為時間慢慢流逝，也表示他們分離的時間越來越久，再加上許多長者漸漸凋零，讓他們想要在生前跟自己分離多時的骨肉再次見面，也越來越難了。

在一九五三年七月二十七日韓戰結束後，一直到一九八三年，當時北韓領導人金正日與南韓大統領全斗煥雙方決定，互派代表進行一連串的談判。最後達成兩韓共同舉辦歷史性兩韓離散家屬見面會的共識，從此之後，斷斷續續，到朴槿惠政府與金正恩政府協商後舉辦的見面會，已經是第二十次了。

兩韓與兩岸對「統一祖國」情節的差別

時常會有人拿兩岸跟兩韓比較，但其實兩者有很大的不同，除了兩者人民對自己的期許不同之外，地理位置的差異也是讓兩岸、兩韓關係發展迥異的重要因素。兩者最大的差別在於：中國跟台灣一個大一個小，但是有台灣海峽相隔；而南北韓的規模相當，但兩邊卻只有一線之隔，隨時都有擦槍走火的可能。台灣人對於兩岸統一的看法，因為時光飛逝不停地改變。那麼，南韓人對朝鮮半島祖國統一的看法是什麼呢？是希望在不久的將來可以統一、讓離散家屬得以團圓，還是希望維持現狀，你不犯我、我不犯你就好了呢？

在二〇一二年我剛進入韓國的NGO工作時，其中一位資深的大哥在一次聚會中，因為多喝了幾杯酒，大聲地對我這位剛到公司的台灣人說：「你知道嗎？其實北韓很好，我很喜歡北韓，李明博政府爛透了！我們應該要快點統一啊！」旁邊的同事們也沒有出言制止，在一旁笑笑地繼續喝酒談天，雖然我的臉上沒有出現太多表情變化，但心中的疑問卻不斷浮現：「喔！所以不是所有韓國人都討厭北韓啊～」、「哇！這樣說不會被其他人白眼嗎？」、「嗯……我記得在韓國公開讚揚北韓政府不是違法的嗎？」大哥的熱情讓剛到韓國的我，對韓國民間的政治印象有了很大的改變。

大多數的台灣人其實已經習慣南北韓分治的情形了，所以對於韓國人渴望兩韓統一的情節，並不熟悉；而韓國人對兩岸之間因為分治久了，台灣民間的期望開始出現轉變，也一無所知。有一次在跟韓國朋友聊天時，談到越來越多台灣人希望維持現狀甚至是獨立時，這位大姐隨即以感到不可思議的表情看著我：「真的嗎？當然要統一啊！台灣人怎麼會這麼想呢？」當然，我後來也跟這位朋友稍微講解了兩岸之間的近況和發展，但我還是可以感覺到她心中仍堅持兩岸及兩韓未來統一是必然，現狀只是暫時的。

兩韓都說統一祖國，那「祖國」是哪一國呢？

兩韓要怎麼統一呢？要談統一之前，我們先來談談分裂。很多人都以為是韓戰將南北韓分裂成兩個國家，但是其實在第二次世界大戰結束（一九四五年）後，朝鮮半島就被美國山姆大叔跟蘇聯大鬍子給瓜分成南北兩邊了。當時有很多韓國人都不希望順從美蘇的意志，反對朝鮮半島分裂。其中，南韓人稱為國父的金九，就是強力反對朝鮮半島一分為二的強力提倡者。

金九在二戰時加入位於上海的抗日游擊隊，雖然跟金日成在中國東北組織的共產抗日部隊不同，但是兩邊主要的訴求都是抗日復國，而且這個「國」，是一個統一的韓國（或高麗），完全沒有南北分治的想法。

所以在美蘇強權準備分裂「祖國」的迫切危機之下，金九寫了一篇「向三千萬同胞泣訴」感人肺腑的公開信，呼籲國人阻止國家分裂，並且北上進入北韓，與金日成見面討論統一大業。最後他回到南韓，與當時美國支持的李承晚展開選戰，但最後戰敗。而金九也在敗選後不久（一九四九年）遭到暗殺（不少人暗指是李承晚為了肅清政敵而痛下殺手）。隔年韓戰（一九五〇年）爆發，美國及中共都介入戰爭，讓朝鮮半島統一多了外國勢力直接介入，情況變得更加複雜。因此，對韓國人來說，祖國統一之路，越來越遠。

兩韓統一要怎麼統呢？

南北韓政府在韓戰結束後，都陸續提出過自己的統一方案，並且積極宣傳及交流。南韓政府最早曾提出「南北聯合」的方案，南北聯合這個機構有點類似國際上的「國協」或「邦聯」的型態（類似比現今更鬆散的歐盟），希望兩韓在統一之前，經過互動及和解，達成統一的目標。

而北韓金日成在一九八〇年所提出的「高麗民主聯邦共和國」，則是另外一種統一的方案。金日成希望雙方政府在互相承認對方的存在之後，共同成立一個民族統一聯邦政府，並且在一部統一的聯邦憲法底下，組織南北最高民族議會，代表立法機構；而只有高麗民主聯邦共和國是對外的外交實體，不會有兩個韓國的狀況出現。

但兩邊都對對方提出的議案不滿意，認為自己的方案比較妥當，雖然在這中間有過幾次談判，但最後都沒有結果。其中兩韓接觸的其中一次高潮是在二〇〇〇年六月，因為金大中的「陽光政策」，[1]讓金大中大統領與北韓領導人金正日在平壤進行了歷史性的高峰會，並簽署了「南北共同宣言」，發展「開城工業區」，設立「金剛山觀光特區」，使兩韓之間的關係進入前所未有的合諧。而繼任者盧武鉉也跟著金大中的腳步執行陽光政策，展開了一系列不曾有過的合作，並企圖建設一條連間平壤跟首爾之間的鐵路，也再度前往平壤會見金正日，討論兩韓之間的合作，進一步達到共同的目標「祖國統一」。

但很可惜，這些努力後來都因為一些意外事件讓雙方的信任破產、猜忌升高，最後不但鐵路沒建成，金剛山特區及開城工業區還都關掉了。但這些政策上的改變，有沒有影響到韓國人對兩韓統一的看法呢？還是都只是政府在談自己的，百姓的看法跟政府完全背道而馳？

韓國人相信朝鮮半島未來會統一嗎？

韓國首爾大學二〇一五年八月的民調顯示，認為兩韓在未來可以統一的人數上升到百分之八十六，創下歷年來的新高。很有趣的是，南北韓雙方的交流跟金大中、盧武鉉時期相比則是少之又少（至少檯面上的接觸、檯面下就不得而知），但是相信兩韓可以在未來達成祖國統一的人數居然是有史以來最高。根據《朝鮮日報》的報導，韓國蓋洛普民調機構整理出來一個數據：從一九九五年（金泳三）的百分之八十二到二〇〇一年（金大中）的百分之七十九點六、二〇〇五年（盧武鉉）百分之八十、二〇一〇年（李明博）百分之八十、二〇一三年（朴槿惠）百十之七十四點二。

另外，對於南北韓統一所需時間這項問題，受訪民眾回答二十年以後有百分之二十七點五，而十五到十九年則有百分之十八，十到十四年有百分之十二點五，而認為在十年內兩韓可以統一的人只有百分之三點二。所以可以看出來，雖然韓國人普遍認為統一勢在必行，但不會在近期發生。

兩韓統一的看法：右派主武力「解救」北韓人，左派主和平統一

韓國人對於兩韓統一有什麼看法呢？簡單來說韓國人通常會分為兩邊：一邊是右派憎恨北韓政權，希望以武力推翻北方，解救陷於水深火熱的同胞們（疑!?）。而另一邊則是偏向金大中總統的陽光政策，承認北韓政權的存在，並且以對話及交流來達成統一的最終目的。當然，這只是很粗糙的分類法，但是通常在韓國牽涉到兩韓議題，就會出現左右兩派不同的意見。但無論如何，兩邊對朝鮮半島統一的態度是明確的，只是方法不同罷了。

統一對兩韓來說都是一種民族主義的感情以及政府教育使然，但若回歸現實面，韓國人還是希望要達成神聖的「祖國統一」嗎？一個很有趣的案例就是由李明博推動，但被罵到臭頭的「統一稅」。

李明博在二〇一〇年除了提出自己對北韓的政策「三階段統一方案」之外，也提出向韓國公民徵收「統一稅」的想法。並且指出，兩韓若要進行統一，必須花費六十一兆台幣，並且時間預估將會在六十年左右。這項消息公布後，民調單位也隨即做了調查，支持統一的人數大幅下滑，只剩下六成；與之前相比，下降了大約兩成。

統一就統一，為什麼要收稅？

統一稅最重要的目的就是要為未來兩韓統一做準備，另外，也是為了推動兩邊交流準備資金。前車之鑑就是東西德的統一，因為東西德在統一之後，從一九九〇年到二〇一〇年已經花了將近兩兆歐元（七十兆台幣），來拉近東西德兩邊的經濟及社會生活品質的差距。而目前為世界第十二大經濟體的韓國（德國為第四），要在短時間接納遠比東德還要窮苦的北韓，所需費用很有可能遠高於預估數值。

由此可見，雖然普遍韓國人對於祖國統一有著神聖的使命感，但是當這個議題回歸現實面，可能就會有不同反應。尤其是現在新一代的南韓年輕人，從出生至今北韓對他們來說可能只是在新聞或課本中的一個名詞，感情連結比老一輩的長者還要淺，對統一的使命感也會相對較低。

在今年一系列文金會、川金會之後，朝鮮半島的狀況有了戲劇性的變化。兩韓的互動除了更加頻繁與正常化之外，雙方開始各方面的交流也是可以預期的。雖然離統一仍有一段路要走，且未來的事沒人說得準，再加上朝鮮半島的事務除了兩個當事國之外，中、美、俄、日等國也會有連帶影響。未來是否統一？要怎麼統？就要看各國領導人的智慧了。

1 陽光政策是一項由金大中總統提出的兩韓政策，希望以和平的方式來進行兩韓交流，進而達到未來統一的目的。政策的名稱源自於《伊索寓言》中的「北風與太陽」：北風與太陽比賽誰能將路人的外套脫下來，北風使盡全力吹風，但路人的外套不但沒有被吹掉，甚至還將衣服穿得更緊。而太陽則是反其道而行，以溫暖的陽光照耀路人，讓路人感受到暖意，主動將外套脫下來。

戰爭博物館中陳列的歷史物件。

脫北者的另一面：我不是逃亡的叛國者

「為什麼我們國家不開放呢？我們可以出來賺錢後再把錢寄回去幫助建設啊。一直這樣下去，真的看不到希望了。」從北韓輾轉逃來南韓的脫北者姜小姐皺著眉頭跟我說：「說真的，如果我們國家（北韓）可以改革開放，我會想要回去，我剛開始並沒有想來南韓。」

脫北背後的真實

脫北者，顧名思義就是脫離北韓的人。因為人民在北韓金氏政權的極權統治下，沒有人身自由，更別說人權或是追求生命幸福的自由。也因為如此，從八〇年代末期開始，就一直有北韓人從中朝邊界逃出。而逃出北韓的人數一年接著一年上升，一直到金氏王朝第三代金正恩在二〇一二年上台後，邊界管制趨於嚴厲，才讓脫北者的人數慢慢下降。但這些脫北者，全部都是因為政治因素而離開的嗎？全部都如南韓媒體所說的，恨透北韓政府嗎？

距離金浦機場只有幾站的傍花地鐵站出口，寒冷的南韓冬天讓行人紛紛將手插到口袋中，三步併成兩步進入車站內取暖。一位身穿褐色大衣，穿著入時的年輕女士向我走過來，以不甚流利、有濃厚東北口音的中文詢問：「請問，你是台灣的記者嗎？」原來她就是答應接受專訪的脫北者姜小姐。姜小姐雖然衣著時髦，但從行為舉

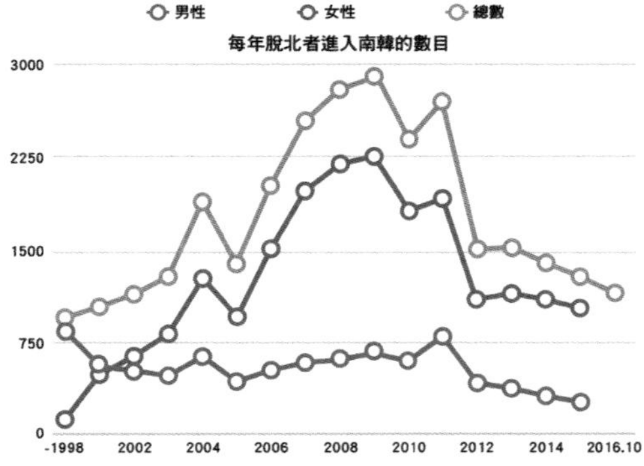

數據：南韓統一部官方網站

止中還是可以看出她並不是土生土長的南韓人。二〇〇七年一月姜小姐從家鄉咸鏡北道逃出，跨越圖們江進入中國，其實初衷並不是要永遠離開北韓——她只想到中國做生意，賺了錢之後衣錦還鄉。沒想到，一跨越邊境，就回不去了。

「在家鄉，我曾在黑市做小買賣。那時候認識了一個做非法邊貿的人，想跟著他進中國做生意，沒想到就被他給騙了。」姜小姐皺著眉跟我說，她原本以為會到長春這樣的大城市賺錢，卻被賣到遼寧的農村裡，當漢人農家的媳婦。「我在那裡像是被關在動物園裡一樣，一點自由都沒有。」姜小姐在農村裡總共住了將近六年的時間，並且在第一年就生了一個兒子。她苦笑著說，其實她是因為兒子的關係才會待這麼久，不然她應該早就設法逃跑了。

「其實我算是幸運的了。那個掮客還讓我選要去城市裡的色情歌廳工作，或是到農村裡當別人的老婆，很多人是沒得選的！」姜小姐也跟我說，包含她在內，光是在她居住的農村裡，就有五名北韓媳婦。這樣的情形通常都是一個接一個發生：一家人看到同村有人「買了」一個北韓媳婦後，也跟著買。這樣的模仿行為，讓一個不到百人的小農村就出現了五名從北韓買來的妻子。

「後來我漸漸受不了這種哪裡都不能去的生活，根本活得不像人。心一狠，不管孩子，跟另外一位村裡的北韓媳婦一起逃走了。」說到這裡，姜小姐壓抑著奪眶而出的淚水，看得出來她試圖控制住自己的情緒。「我是不是很狠心啊？」這樣丟下自己的兒子。」我無法回答姜小姐的問題，只能試著將話題轉回到她的逃亡過程上。

為什麼脫北？

這個問題看起來很多餘，但其實不然。「脫北者」這個特定群體，不是像外界描述的那麼單一，並非全部都是痛恨北韓政權或是生活過不下去才跑出來的人。在這個群體中，同樣也有不少像是姜小姐一樣，原本只想到中國非法打工賺錢後回家鄉，卻被掮客所騙的人。有的被賣到中國各地的風化場所；有的就如姜小姐，被賣到偏荒的農村。

一般成功逃亡到南韓的脫北者，通常會有幾種路線。第一種就是跨越戈壁沙漠進入蒙古。根據蒙古政府的法規，抓到脫北者後會交給南韓政府，因此脫北者可以尋求庇護，進入南韓。第二種則是從中國北方一路遣逃至東南亞，先進入東南亞各國，再由該國政府轉交南韓。除此之外，亦有像是姜小姐一樣，直接從中國搭船進入南韓的選項。只不過要多付一些規費，給中間人打理偷渡路線。

「跟家裡（北韓）聯絡什麼都要錢。我們寄錢回去都會被苛扣，最少被扣三成，最多還有拿五、六成的。」姜小姐開始跟我訴說自己被掮客剝削的細節：「有時候還會有人拿了錢就跑掉的。但因為我們沒有其他管道可以跟家裡聯繫，也只能碰運氣相信他們了。」另外，除了將脫北者賣到農村或城市賺錢之外，遊走北韓跟中國的掮客還會欺騙只想到中國打工的脫北者，一路連哄帶騙帶到南韓，交給專門幫助脫北者的「慈善團體」領取豐厚獎賞。

在南韓專門幫助脫北者適應生活的非政府組織「PSCORE Korea」專員南巴達（音譯，남바다）受訪時亦證實：「這樣的狀況雖然不普遍，但並不是沒有。」也因為這樣，離開北韓之後的脫北者，因為自己的身分特殊，有許多事都必須冒險。這同樣逼得脫北者必須一跑再跑，不斷移動。

「那你離開農村之後逃去哪裡，待多久呢？」姜小姐跟朋友在黑龍江省的牡丹江市待了兩年後，因為被農村的丈夫發現行蹤而再次踏上逃亡之路。「第二次就跑到上海去，在那邊，大家都是從中國其他省份來的，不會有人懷疑你的口音或是身分。」「那妳最後為什麼要再來韓國呢？」我不解地問了姜小姐，她回答：「因為在二〇一六年，中國政府要全國換新的身分證，我以前都是用假身分證，所以一定會被發現。沒辦法，再給了掮客兩百七十萬韓圜（約九萬台幣）之後，我就來這裡了。」

通常只要踏上南韓的土地，經過一系列的程序，正式被南韓政府認定為脫北者難民之後，要再回到北韓幾乎是不可能的事。

進入南韓以後呢？

一般以合法方式進入南韓的脫北者在被「放生」進入南韓社會之前，都要先經過國情院（국가정보원）的調查。確定你的身分不是北韓間諜之後，再進入下一個階段：三個月或六個月在統一院（하나원）學習。統一院就是讓脫北者可以學習關於南韓日常生活事物的地方，在這裡脫北者會學習到跟南韓相關的基本法律常識、生活必備技能，還有電腦網路使用方式等等，讓脫北者可以更容易融入社會。

「其實在統一院學的東西都很基本，雖然是必要的，但是相當不夠。」身為新祖為（새조위，統一新祖國會，為大韓民國首爾特別市的脫北者安置和幫扶組織）代表的申美女（音譯，신미녀）接受專訪時表示，雖然政府已經有幫助脫北者融入社會的

系統，但是仍然遠遠不夠。「他們在這裡常常會感受到強烈的挫折感，甚至有人不堪負荷，想要回北韓。」

根據新祖為二〇一五年的報告顯示，脫北者女性在進入南韓之前，有約六成以上的人曾遭到性侵害。而在進入南韓之後，也常常受到另一半的家庭暴力，所以生活相當辛苦。「我們組織除了提供一般的教學課程或是醫療諮詢，最重要的是幫助北韓人走出各式各樣的心理創傷，讓他們自己有能力在社會上生存。」申美女透過翻譯慢慢地跟我解釋在南韓社會裡，脫北者遇到的困難。

「除了時常受到家庭暴力的威脅，女性脫北者面臨最大的困難就是養育子女。這不只意味一大筆的經費，特殊的家庭結構也讓他們必須面對各式各樣的壓力。」申美女嘆了一口氣繼續說道：「而男性脫北者則是因為難以找到合適的工作，沒有朋友，或是遭到歧視後心裡相當挫折，因此開始酗酒或染上其他壞習慣，讓他難以真正融入南韓社會。」

因為脫北者的組成有百分之八十以上，都是北韓北方咸鏡南北道等地的農民，原本就沒有特殊的一技之長，他們就算來到南韓，也沒有辦法馬上找到合適的工作開始新生活。

其實一般的脫北者只要通過南韓國情院跟統一院的檢視之後，一開始會拿到一筆兩千萬韓圜的補助金。並且在接下來的五年內，每個月都有三十萬韓圜的零用錢可以拿。但北韓人來到南韓之後的失業率是百分之二十左右，與南韓人相比高了六倍。

但正因為如此，專門幫助脫北者學習的組織「PSCORE Korea」才會存在。「其實脫北者最需要的技能，除了基本電腦網路的使用之外，英文是最容易讓他們在社會有立足之地的技能。」但南巴達受訪時也指出：「雖然有不少 NGO 會幫助脫北者，但其

邊境城市延邊朝鮮族自治州的大片平原。

實在南韓的脫北者很常被各種組織利用，除了拿來當作宣傳工具，也會被拿來做為申請大筆補助款的槓桿。」

對這些從沒想過要到這片由「南朝鮮傀儡政權」統治土地的北韓移民來說，相對而言，他們是被迫成為「叛國者」。

脫北者等於叛國者？

「我的父親本來是大學教授，但因為我離開北韓，父親遭到革職，家裡的房屋也被政府拿走。」姜小姐越說越感到不安：「我現在不能讓北韓政府知道我跑到南韓了，這樣有可能會讓在北韓的家人受到更廣的牽連。我最後一次跟家人通電話是在離開上海之前，現在我都不知道他們怎麼樣了。」

從北韓師範大學體系畢業的姜小姐離開北韓前，曾在咸鏡北道的小學教過兩年書。相對其他北韓農家人民而言，算是受過高等教育的知識份子。因此對她來說，離開北韓並不是因為活不下去，而是對新世界的渴望，以及對自己未來發展的期待。

姜小姐跟我說：「很多人都說我們脫北者相當仇恨自己的國家，其實這並不完全正確。很多逃出來的人是因為活不下去，必須到中國找食物或另一種生存方式。但這不代表我們不愛國。」因為我不是南韓媒體，姜小姐更能夠一字一句地慢慢說出自己的心聲，讓我看到了有別於一般主流媒體包裝後的脫北者形象。

曾有南韓的朋友跟我說過，脫北者在南韓通常會被歸類於極右派，支持用各種方式打倒金氏政權。但其實仔細想一想，脫北者來到南韓，若不大聲疾呼恨透北韓政權、向南韓社會清楚表態自己的立場，他們有可能在這個國家生存嗎？

脫北者在北韓就是因為飽受折磨所以離開。而現在來到幻想中的南方，除了受到社會的歧視之外，他們居然也跟在北韓時所受到的待遇有諷刺地相似：不能說出真心話。

突破南北韓疆界的人：
專訪能自由進出兩韓的金鎮慶

南北韓自第二次世界大戰結束、經歷了韓戰的拉扯，最後兩國簽訂停戰協定（二〇一三年北韓片面撕毀了協定），將兩國邊界定在北緯三十八度線上。這條線，就像一把利刃將朝鮮半島狠狠地劃成兩半。時至今日，雙邊民眾無法自由往來交流，而北韓人民要進入南韓更是難如登天。

一般脫北者進入南韓的方法是由中國邊境逃出，跋山涉水跨越中國並且要避免被逮捕，最後才可以成為政治難民進入南韓。另外，就算是雙方官方人士也必須通過層層檢查、或是身負外交任務，才可以在特定的區域往來，無法隨意在境內移動。

然而，在朝鮮半島分裂近七十年來，有一位年逾八十的長者，由於對兩韓的無私付出，

金鎮慶拿著中國政府為他翻譯的自傳，熱情地介紹他的經歷。

金鎮慶跟學生在學生餐廳用餐。

獲得了兩邊政府的認可，竟同時擁有兩韓的公民身分，成為世界上唯一一位可以在朝鮮半島這片土地上自由進出的人，他的名字是金鎮慶。

韓戰最年輕的志願兵

進入延邊大學科學技術學院（簡稱延邊科大）校長辦公室後，映入眼簾的是掛滿整片牆，來自各國的表揚狀。這位傳奇人物金鎮慶是這所學校的校長，在我進門後，隨即起身跟我握手致意，滿臉笑容歡迎我的到來。一陣寒暄之後，在這個數坪大的辦公室裡，他開始娓娓道起自己的生命經歷和南北韓歷史。

被中國稱為「抗美援朝戰爭」的韓戰在一九五〇年六月爆發，當時年僅十五歲的金鎮慶，還只是個南韓的國中三年級學生。在戰爭爆發沒多久後，他前往學校附近的徵兵所，表達自己的參軍意願。「那時候他們說我年齡還不到，不能上戰場。我一急之下，從地上撿起一片玻璃把食指劃破，在一塊布上寫血書，表明自己從軍報國的意願。」金鎮慶一邊舉起雙手在空中比劃，一邊笑說：「最後，他們就同意讓我以志願兵的身分上戰場，讓我成為在這場戰爭中，年紀最輕的軍人。」

殺戮中看見和平

韓戰持續了三年，在結束之前，原本總共有八百多人的志願兵，最後只剩下十七人存活。目睹戰爭殘酷的金鎮慶，在因緣巧合之下讀到了《聖經》的故事。因此他決定在戰爭結束之後，要以自身的力量幫助南北韓與中國的人民。

「戰爭結束後，我先後到歐洲和美國讀書，也做過一些生意。在那時候我了解到，二戰中互相廝殺的國家，居然可以放下成見，成功整合成為一個大的歐盟。而這個模式，就是亞洲應該要學習的路徑。」金鎮慶眼神堅定地跟我說：「所以我在一九八六年就來到中國，從邊境進入北韓，開始幫助需要幫助的同胞。」

八〇年代末期，中國進入改革開放，與北韓漸行漸遠，甚至在一九九二年與南韓建交。而蘇聯也在一九九一年瓦解，長期以來共產國際對北韓的援助也戛然而止。再加上九〇年代初期北韓各地因為旱災所引發的饑荒，讓整個國家陷入絕望之中。

「那時候我就從中韓邊境送了四百九十頭牛進入北韓，並在當地建立了大型農場。」金鎮慶一邊回憶一邊說：「那時候我也見到金日成，獲得了他的信任。並且在一九八八年從中國運入一百張牙醫病床，花了五年時間建立起北韓第一間牙醫醫院。」

戲劇化的劫後餘生

金日成在一九九四年去世之後，他的兒子金正日繼位。一朝天子一朝臣，金日成去世後，平壤政權也開始對這位擁有南韓和美國國籍的「慈善家」起了疑心。不過金鎮慶並沒有因為皇太子的猜忌選擇離去，而是繼續在北韓進行各種人道救援活動。但在一九九八年，金正日政權以間諜罪將金鎮慶逮捕，並且判處死刑。

當時被關在大牢裡面臨死亡的金鎮慶，寫下了三封遺囑，除了家庭遺囑之外，另外兩封分別寫給北韓與美國政府。金鎮慶希望在他死後將自己的器官捐贈給北韓社會，並且要求美國政府不可以因為他的死而報復北韓。他不希望因為這個誤會，而導致北韓人民必須面對戰爭的苦痛。

「被關了四十二天之後，最後他們把我放了。」金鎮慶睜大眼睛跟我說：「應該是金正日讀了我的遺囑之後，確定這個將死之人不會說謊而被感動，確認我不是間諜才釋放了我。」而死裡逃生的金鎮慶回到北京機場後，刻意忽略在機場外等候多時的大批國際記者，選擇不在國際媒體面前指責北韓政府囚禁他的罪行。

在金鎮慶被釋放三年之後，北韓政府聯絡延邊科學技術大學金鎮慶的辦公室，表示要派一位特使來找他，跟他討論一些合作事宜。「我二話不說就答應了。結果你知道嗎？來的人就是當時在牢裡刑求我的北韓官員。」看著張大眼睛一臉不可置信的我，他喝了口水之後繼續說：「原來他們（北韓政府）看到我在延邊成功設立大學的案例，也希望在平壤建一間類似的學校，所以找我幫忙。」

平壤榮譽市民。

極權國度裡看世界的窗戶

金鎮慶答應了北韓政府，在二〇〇四年到二〇〇八年之間，招募了中國的技術人員及北韓的勞工，從延邊中韓邊境運入各種建築材料，平壤科技大學於二〇一〇年順利地正式開校。「這間學校並不屬於北韓政府的財產，而是擁有如外交領事館的特殊地位，一定程度地保護了學校的獨立性。」金鎮慶語帶驕傲地說：「我相信這間學校可以幫助北韓進步，並且在十年之後，北韓絕對會有很大的改變。」

出於好奇我問了他：「有沒有人因為你做的事情，提名你為諾貝爾和平獎的候選人呢？」金鎮慶揮了揮手說：「有是有，但我所做的一切完全不是為了要得獎，我

金鎮慶在南北韓都備受政府禮遇。

為的是這些受苦的人們。」

在專訪告一段落後，金鎮慶像一位親切的爺爺拉著我的手，帶我到一面有朝鮮勞動黨標誌的裱框前：「金正日在去世前三個月，頒給我平壤榮譽市民的身分。你看，我是第001號。也就是說，這個制度是為了我而創的。金正日想要在他去世之後還可以保護我，讓這間學校（平壤科技大學）可以繼續維持下去。」

而在這份榮譽市民證的旁邊，還掛著南韓京畿道的榮譽市民證。甚至，一旁還有南韓歷任總統以及金正日跟他見面握手的照片。當時我心裡想：「南北韓的統一，近七十年來無法實現，但在他的身上，已經成真了。」

奇蹟的辦學，金鎮慶打造的東北亞和平夢

北韓在二〇一六年國慶日（九月九日）進行了第五次的核子武器試爆，中、美、日三國的地震相關機構均測到北韓東北部發生芮氏規模5、震源深度為0的地震，中國的中朝邊境地區更是直接感受到這次試爆造成的震動。美國、韓國及日本等國隨即發出譴責，並且在聯合國安理會召開緊急會議，通過了有史以來最嚴厲的制裁案。這次，北韓的老朋友中國，也投下了贊成票。

然而，東北亞情勢的危機並不是只有北韓核問題，地緣上的幾個國家，包括南北韓、日本、中國、俄國以及蒙古，相互之間都有齟齬。除了一般的島礁等領土問題之外，還有剪不斷理還亂的歷史因素，這些國家也都互不相讓、各持己見，讓東北亞的緊張情勢，從未得到真正的緩解。

留學歐洲，發現和平與合作的可能

在這些互相叫囂與軍備競賽的大環境下，一位常住中朝邊境，並且擁有南北韓市民、美國公民以及中國永久居民證的老爺爺金鎮慶，卻一直努力不懈地為這個地區的和平盡心盡力。金鎮慶曾是韓戰的志願軍人，在戰後（一九六二年）於釜山的基督教神學院高神大學復學並畢業，一九九二年在中國吉林的延邊朝鮮族自治州創設了中國首座私立大學「延邊科技大學」，之後他勇闖北韓，得到北韓當局的信任，於二〇一〇年在平壤設立了北韓第一所、也是迄今唯一的私立大學——平壤科技大學。他希望能以教育和知識的力量，帶給這片窮兵黷武的地區改變的契機。

「我年輕時，在歐洲留學，看到了十七個國家（互相）開放學校的政策，讓這些國家的學生可以不用一個個申請簽證，就可以在這些國家之間旅遊交流，最後慢慢地經過幾十年的深化，居然讓這幾個經歷兩次世界大戰的敵對國家，放下了仇恨，成立了歐盟。也就是說，學術之間的交流，是讓各國開始合作的第一步。」說著說著，金鎮慶彎下腰從厚重的保險櫃裡，拿出了一疊資料，想要說明他在改革開放早期的中國與極權政府領導的北韓建立學校的過程，即使困難重重，成功的果實卻相當美好。「這些事情能夠達成，真的是奇蹟中的奇蹟。」金鎮慶語帶興奮地跟我說。

然而，不同於歐洲國家是由政府間達成協議、帶來交流上的自由，金鎮慶的方式是直接進入相對封閉的國家之中，以辦學的方式，讓國際上的思想進入這些國家，慢慢改變這些國家的想法。有一種不入虎穴、焉得虎子的感覺。

金鎮慶受訪時侃侃而談自己的理念。

真愛主義，在封閉的國家開闢道路

金鎮慶一邊展示文件，一邊跟我介紹他自己對東北亞國際關係的想法。在文化大革命之後，中國極度缺乏高等教育的教師，因此，在一九八六年，中國科學技術研究學院就聘請金鎮慶到中國教學。在中國待了幾年之後，他開始著手在剛經歷過天安門事件的中國，開設一所私立大學。

最後他在中國與北韓交界的延邊朝鮮族自治州成功開設了一所學校，原本校名訂為「高麗大學」，但因為政治敏感因素（中國政府不喜歡學校以他國名稱作校名）而改為延邊科技大學，之後因應中國政府的政策，和延邊醫學院、延邊農學院等教育機構併入目前的延邊大學體系，改名為

金鎮慶所創設的延邊科技大學（延邊大學科學技術學院）。

延邊大學科學技術學院。從一九九二年至今，已經成功培育了兩千六百多名的大學畢業生，為九〇年代初期對國際社會仍感到陌生的中國及中朝邊境，注入了一股活水。

另外，他也在二〇一〇年完成了一項沒有人可以想像得到的創舉。在經歷了一連串傳奇旅程後，他在全世界最封閉的國家北韓首都平壤，建立了第一所私立大學。「這間學校的教師全部都是從歐美國家找來的，學校全部都必須用英語教學。我就是希望能讓北韓的學生們，可以學習到一些國外來的資訊。」金鎮慶也跟我說，這些學生都是北韓政府精心挑選出來的，大多都是高官子弟。在他們畢業之後，不是成為北韓政府內的要員，就是要派駐到他國擔任外交人員。金鎮慶認為，這樣對北韓融入國際社會，在未來會有相當幫助。

在延邊科技大學主建築外，一座庭園造景巨石上，刻著韓文跟英文的「真愛主義」，也就是延邊科大和平壤科大兩間學校的創校精神。金鎮慶希望以辦學的方式，將東北亞像是中國、南北韓、日本、俄國還有蒙古等，全部連在一起，成為命運共同體，讓各方減少摩擦衝突，避免發動戰爭。採訪時我也問了金鎮慶：「但你所說的『東北亞聯合』模式，其實跟之前的六方會談有點相似耶？」金鎮慶回答：「不一樣，六方會談談了這麼久，政治意味太重，根本沒有辦法達成任何共識，甚至還讓各方更加積極地整軍經武。從學術跟民間開始交流，才會有結果。」

不被重視的東北亞聯合，「我要從民間推動」！

金鎮慶希望讓東北亞國家互助合作的想法並不是嘴上說說而已，名氣不小且時常在南北韓、中國各地走動的他，也常與跟這些國家的重要領袖見面，討論東北亞的未來。

「南韓歷任總統在上任後，都會主動打電話給我，向我諮詢一些國務。」金鎮慶喝了一口桌上香味濃郁的蔘茶後繼續說：「但其實他們多半只是聽聽而已，並沒有真的去執行我提議的東北亞聯合。你想想看，若這些國家一起合作，不就什麼紛爭都沒有了嗎？我認為東北亞只要和平了，世界也就不會有戰事了。所以我不會放棄，我要從民間推動。」從金鎮慶的眼神中，我可以感受到他堅定的決心。但是，他這樣「深入虎穴」的做法，還是受到其他不同意見的人反對。

二〇一四年底，《沒有您，就沒有我們》這本書在台灣翻譯出版。作者金淑姬在二〇一一年七月到十二月期間，於金鎮慶創設的平壤科技大學任教，但她真正的身分其實是一位作家，她將自己的所見所聞祕密記錄下來，並偷偷地藏在隨身碟中，最後帶出北韓，寫出這本相當受歡迎的北韓第一手報導。

但是，這樣的行為讓平壤科技大學還有金鎮慶受到相當大的壓力。雖然大學擁有選擇教師人選的權力，但這樣的權力是建立在北韓政府跟金鎮慶的互信上，而金淑姬的做法雖然為國際社會揭開了北韓高層子弟的神祕面紗，卻是透過欺騙金鎮慶和平壤科大才完成的。在我跟金鎮慶提起金淑姬時，他相當不以為然，拒絕做出評論。

另外，南韓社會右派人士多數認為，金鎮慶是屬於典型的「親北」份子，認為他的所做所為是在跟北韓政權合作，甚至幫助他們培養下一代的領導階層，是國家（大韓民國）的叛徒。但對金鎮慶來說，他所希望的是可以為兩

記者與金鎮慶在延邊科大的總長辦公室合照。

韓以及東北亞帶來和平穩定，所以他對這些批評並不在意。

為了達到東北亞聯合還有人道主義的目的，金鎮慶除了推動各國之間的學校交流之外，也常常組織行動直接幫助區域需要幫助的人們。專訪時，金鎮慶不時必須接電話中斷採訪。而金鎮慶也特別跟我道歉，並說明原因：「你知道之前那個颱風來到北韓跟圖們這裡，讓這裡鬧大水患。剛剛那些電話就是我在調度一些物資進入北韓的事情。」

在二〇一六年八月底、九月初時，中度颱風獅子山襲擊日本之後由朝鮮半島北方的俄羅斯濱海邊疆區登陸，並進入中國吉林省，造成延邊州的嚴重水患；同時，颱風雖然沒有直接侵襲北韓，風雨卻給北韓帶來特大洪災，死傷人數達到上百人，還有數百人失蹤、十萬人被迫逃離家園。因此，在人道救援方面不落人後的金鎮慶馬上發起活動，募集大量物資進入北韓當地，希望一解當地的燃眉之急，實實在在地執行他所信仰的「真愛主義」。

邊境城市的人們：延邊&美索

衣服上沾滿著灰塵和泥土，眼神透露出不安與恐懼，孩子伸出因為飢餓不斷發抖的小手，渴望穿著入時的遊客們施捨一點零錢。鏡頭一轉，一手交錢、一手交貨。幾位面貌兇狠的男子將毒品與鈔票互相交換後，迅速沒入黑暗之中。另一邊，幾個人衣衫襤褸，神情緊張，趁著邊防軍隊一個不注意，迅速跨越邊境，進入了夢想中美好的國度。以上這些畫面，發生在兩個亞洲的邊境城市。這兩個邊境城市分別是：與北韓隔江相望的中國延邊朝鮮族自治州，以及跨過分隔泰國及緬甸的湄河就會抵達的小鎮美索。

令人不想久待的家鄉「延邊」

韓國流行音樂放肆喧騰，讓位於中國邊境的小酒館內的氣氛，猶如啤酒中的氣泡般活潑、躁動。一位剃著平頭，不時朝鮮話跟漢語交雜的朝鮮族朴大哥，手拿著酒瓶搖頭晃腦，突然不客氣地向我問道：「你是記者？你到我們這個邊境城市到底想幹什麼？」這麼直接的問題讓我一時傻了眼。但幾杯黃湯下肚後，他開始無話不說，東南西北什麼都聊，甚至也當著我這位台灣記者的面，大罵中國共產黨，甚至諷刺中國國家主席習近平是個草包，叫他「習包子」。

延邊為中國吉林省內轄下的朝鮮族自治州，其中與台北延吉街同名的「延吉」，是自治州內的最大城市。這個自治州裡還有龍井、汪清和琿春等小城市，是中國一百五十五個自治地方的其中之一。這裡的道路標示都以朝鮮語（韓語）為主，中文反而附註在旁。雖然此地有少數民族自治州的特殊地位，但近幾年因漢人的移居，當地的朝鮮族剩不到一半。此外，加上南韓的經濟跟文化國力越來越強盛，讓許多有共通語言的朝鮮族紛紛跑到南韓打工，再將在南韓賺的薪水匯到延吉。由於這樣的背景，延吉的消費水平開始上升，生活品質卻未趕上其他相近水平的中國城市，使得當地居民紛紛移往外地。

「想啊！我非常想要移民韓國，甚至移民台灣也可以！這個地方絕不會是我長久待的點。」喝完酒第二天，朴大哥跟我一起到鎮上的解酒湯專賣店醒酒，又繼續跟我抱怨他對這座城市的反感。「你知道嗎？我爺爺在朝鮮戰爭（韓戰）的時候是個小官。打完仗回來受獎勵，當了延邊出版社的副社長。但在文化大革命的鬥爭裡，因為是知識份子，被說成反革命被鬥死了！」他拿著朝鮮族獨特的鐵湯匙，一勺勺喝著碗中的醒酒湯，邊配著白飯，繼續憤恨不平地說：「幾十年前我舅舅到韓國去打工，拚死拚活做工把錢寄回來，就是希望讓家裡好過。」他嘆了口氣又說：「但在幾年後，舅媽居然在外面偷人。舅舅發現後跑回延邊，拿刀把舅媽砍死，現在也被關進牢裡了。這裡太多慘劇，我待不下去。」

我所採訪的朝鮮族受訪者中，幾乎沒有家庭美好的案例，朴大哥這樣的經歷算是生活在中國的朝鮮族縮影。這些故事也讓這個卡在中朝韓三國的民族，對自己的未來感到茫然。

延邊最大的延吉市街景。

看著延邊道路上的街景，感覺如韓國經濟正要起飛的八、九〇年代，但朝鮮族卻慢慢地離開這裡。一邊轉著方向盤，朝鮮族的大學生阿勝跟我說：「這裡的朝鮮族越來越少，現在我們的經濟都被漢人掌握。我覺得，可能再過幾年，朝鮮族自治州這個名字有可能會被拿掉，變成一般的縣級城市。」阿勝的憂慮並不是杞人憂天。根據中國官方二〇一〇年的統計，當地漢族人口已經超過百分之六十，朝鮮族僅剩下百分之三十二。延邊人口組成的變化，也使得這裡的朝鮮族對他們的故鄉帶著複雜情感；但對於另一群人來說，延邊則是通往夢想國度的必經之地。

從延邊這裡的陸橋開過去，就是北韓了。

在北韓的極權統治下，人民未經許可，不准擅自離開他們的「幸福國度」。但到目前為止，成千上萬的北韓人民受不了錯誤政策而導致的饑荒，或因為國家對於思想的箝制，一個個成為「脫北者」。他們跋山涉水，通常目的地都是前往南韓尋求庇護，而延邊只是前往夢想國度的第一站。除了有脫北的一般老百姓外，有時在邊境駐守的北韓軍人甚至也會拿著槍越境搶劫，讓延邊這裡風聲鶴唳、治安處於警戒狀態。但相較這裡的動盪不安，一樣也處於兩國邊境的城市美索，卻有不一樣的光景。

投機者的天堂：美索

場景從中國換到東南亞的泰緬邊境。泰國西部的來興府（又稱噠府），一條泰緬友誼大橋橫跨湄河（Moei River），將泰國「美索」跟緬甸「苗瓦底」連在一起。在美索市場的街上，隨處可見西方背包客、臉上抹著黃色「塔納卡」的緬甸人、頭上戴著頭巾帽的印度人，跟正準備進入清真寺膜拜的穆斯林。除此之外，攤販中還有來自曼谷的泰國商人，以及準備到這裡分一杯羹的中國投資客，他們都穿梭在這座邊境城市，讓其面貌相當多元。

美索是往來泰緬邊境的重要城市，跟河流對岸飽受戰亂的緬甸相比，比較適合居住。自三十多年前美索設立了第一座緬甸難民營，到目前為止，已經有九座大小不一的營區，總人數超過十萬人。也因為難民營存在超過數十年，營中已發展至一定的經濟規模，甚至有小市場跟性交易場所。負責管理營區的泰國軍警，也常常跟營中的難民打交道，盜採山林、買賣毒品跟人口販賣都時有所聞。雖然美索的環境相當複雜，相較在延邊人們的絕望，這裡多了一點希望的雀躍。

難民營中的狀況難以想像，邊境城市也存在許多一般城市裡看不到的景色。在市中心除了隨處可見的新建工程之外，在

位在美索城市附近的難民營。

這次的採訪中，認識了一群泰國朋友。他們利用邊境城市可以輕易遊走兩邊的特殊性，除了每天晚間非法跨越邊境走私各種「商品」之外，他們也和各國來的股東一起合作，在這裡開設了幾間複合式賭場，大賺特賺。而這座賭場位於邊境的界河旁邊，雖在緬甸境內，卻是由泰國人來管理。他們的頭目阿龐（化名）跟我說：「因為在緬甸領土上，我們每個月都會給緬軍『規費』。有錢拿，他們就懶得管我們。而泰國軍警則因為那裡是緬甸，所以沒辦法管。所以，這裡是一個什麼事都有可能發生的地方，是真正的自由之地。」

在河的對岸，就是三不管地帶的複合式賭場。

阿龐帶領的好朋友們，每天都會來賭場報到。

阿龐則是這家賭場的股東，每晚九點他就跟賭客搭上木製的小船，一起進入「自由之地」。當然，他的意圖跟賭客不同，並非想一夜致富，而是收取前晚賺取的賭金。阿龐在這裡擁有一排撲克牌桌，每天都要有一百萬的現金在桌上，才可能維持賭桌的營運。「你看，這兩桌是中國人投資的桌子。這裡有滿多中國賭客來玩，他們出手都相當闊綽。偷偷告訴你，甚至也有韓國人來試水溫，跟我們接洽投資。」阿龐帶著我穿梭在賭桌旁大聲呼喊的賭客間，像是局外人一樣，冷眼看著這些一頭熱的賭徒，為他的賭場賺錢。在賭場旁邊的夜店裡有專業的DJ幫忙放音樂，也有身材火辣的女公關，當然還有為數眾多的服務生小弟。每天時間一到，他們就會全部跨越湄河，來這裡工作。

這群朋友中，綁著一頭黑人辮子頭、身材精壯的阿啾專門負責處理毒品買賣。他曾是泰拳選手，讓做生意的對手都敬他三分。看著一臉不安的我，他說：「兄弟！不要擔心，這裡有我們罩你，不會有事的。」雖然我知道他們在這裡幾乎可以橫著走，但是身處這個沒有法律的三不管地帶，心中還是有些忐忑。喝著阿啾招待的泰國象牌啤酒，我好奇地問阿啾：「這邊會有人鬧事嗎？都怎麼處理啊？」在旁享受大麻的阿泰馬上接話：「小事！通常我們會趕他們回泰國那一邊，讓他們自己解決。但如果真

在這間賭場裡，無論是中國、泰國甚至其他國家的投資者，都想進來分一杯羹。

的控制不了，我們就會介入，強制他們停止了。」阿啾補充說：「但是如果是緬甸軍人鬧事，那我們就把他踢回緬甸。你知道嗎？在這裡罩我們的緬甸勢力，可是前緬甸總理的親戚喔！所以安啦！沒人敢動我們的。」聽到這裡，我心中暗自思忖：「能請到這麼高階的官員做門神，看來他們的賭場應該賺了不少。」

無論是延邊還是美索，這兩座邊境城市有著相當不同的發展。延邊人口雖不斷外移，卻因緊鄰著北韓，成為朝鮮族或脫北者前往他方的中繼站；美索不管城市內或在難民營裡，則因東協與中國貿易上的發展，無論是合法或非法的生意，都漸漸被外界注意，讓越來越多外國投資者想分一杯羹。由於歷史及地理位置的因素，這兩座邊境城市發展截然不同，也造就了完全相異的故事。

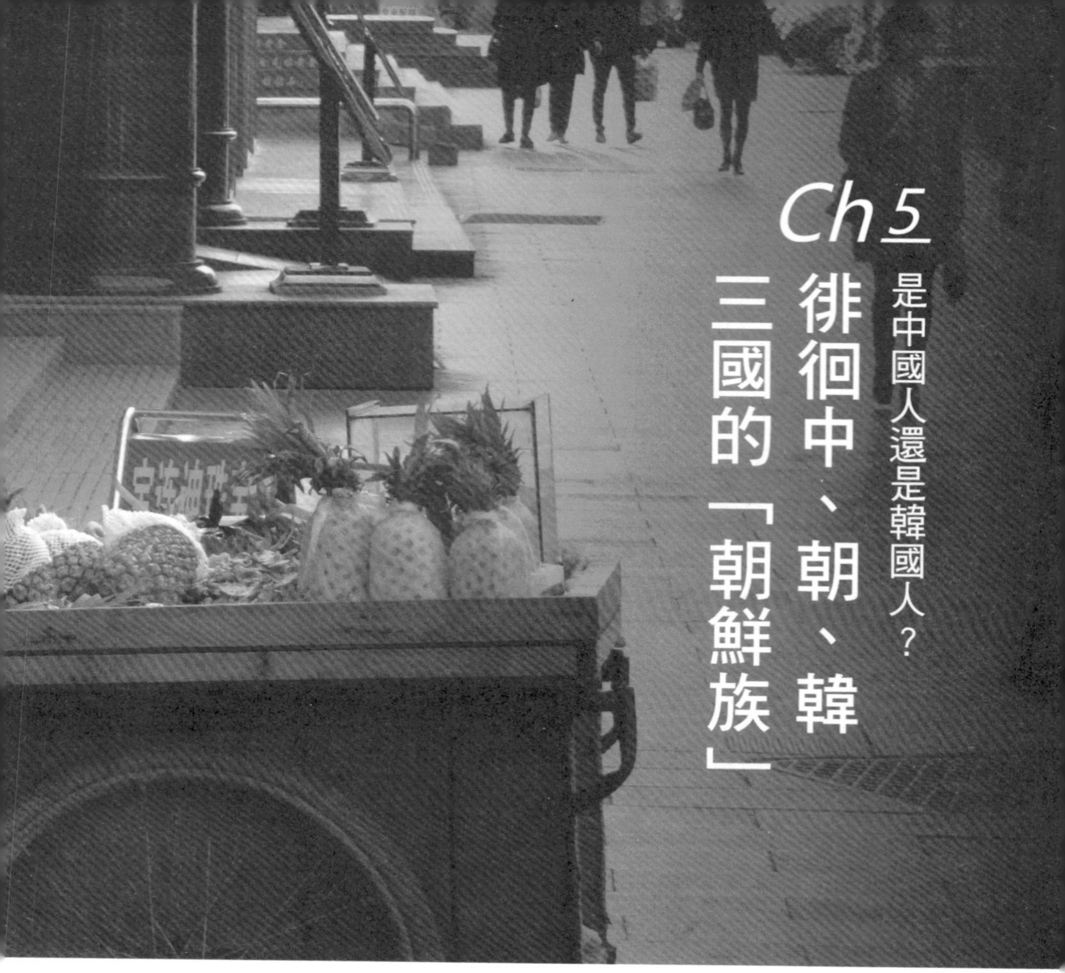

Ch 5

是中國人還是韓國人？

徘徊中、朝、韓三國的「朝鮮族」

「很多南韓人都以為我們這邊還很落後，甚至還有人問我『延邊人會用筷子吃飯嗎？延邊是不是每天都有凶殺案啊？』聽了真的讓人感到相當生氣，他們歧視我們，我們也不喜歡他們啊！」李賢美忿忿不平地說道：「我也去過南韓幾次，雖然我們是同一個民族，但是真的很不喜歡他們的態度。」這其實是延邊人普遍的心情寫照，對於南韓人貶低朝鮮族，剛開始是感到失望，後來隨著歧視越來越嚴重、甚至一竿子打翻一船人，所以越來越感到生氣……

朝鮮在東北：被遺忘的滿洲國

「轟隆！轟隆！」搭上了從大連前往延吉的火車，這趟往北的列車，整整開了十六個小時。綠色的鐵皮車廂，充滿濃濃的復古味，而車廂內，滿車的東北大媽、大漢，一邊嗑瓜子一邊「嘮嗑」（東北話：聊天），好不熱鬧。火車一路經過瀋陽，到達長春後拐了個大彎，像是一把鋒利的軍刀，橫向將這片富饒的土地往東劃開。從大連到長春的這段鐵路，是過去被稱為南滿鐵路的重要交通路線，而我這次的旅程，是要尋找「朝鮮在滿洲」的歷史。

中日戰爭前六年，一九三一年的九月十八日，瀋陽市爆發了九一八事變（日韓稱「滿洲事變」）。西化成功的日本帝國軍隊開入了這片俗稱「關外」，也是滿族「龍興之地」的中國東北。九一八事變後兩個月，日本關東軍便策動天津事變，把清朝末代皇帝溥儀接到中國東北，並於隔年的一九三二年三月，將現在的長春改名為「新京」，宣布建立滿洲國。但滿洲國只是日本帝國設立的傀儡政權，所以在一九四五年二次大戰結束後，隨即壽終正寢。

朝鮮獨立運動在滿洲

朝鮮半島早在滿洲國成立之前，就於一九一〇年因《日韓合併條約》被正式納入日本版圖。當時許多從朝鮮半島逃出的地下反抗軍，都在朝鮮與滿洲邊境徘徊。其中，一位原本在吉林省毓文中學讀書的學

滿洲國與日本帝國全圖。

間島日本總理事館舊址（間島就是現在的延邊），現已變為「愛國主義宣傳基地」之一。

生，因為朝鮮半島上的祖國被日本帝國併吞，開始積極地參加地下反抗運動，甚至加入中國的東北抗日聯軍打游擊，成為日本政府相當頭痛的人物之一。而這位仁兄在戰爭結束後，藉著蘇聯的支持，在朝鮮半島北部建立了朝鮮民主主義人民共和國，他就是北韓的國父——金日成。現在，位於吉林省吉林市的毓文中學已經被中國政府列管為重點保護的建築，若要進入參觀，必須先通過審查才可以預約參訪，平常這間象徵中朝友好的學校是不讓一般遊客入內的。

另外，除了金日成參與的東北抗聯之外，以金九等人為首的韓國光復軍也不時到滿洲國執行任務，破壞日本帝國政府對當地的控制，並進一步尋求朝鮮半島獨立的機會。但是因為韓國光復軍當時是接受國民黨政府的資助幫忙，所以中共建國以後對於金九等人領導的抗日活動較少提起，主要都是宣傳他們的老朋友金日成，還有金元鳳等人的共產主義游擊隊為主。

在滿洲國，其實還有另一段較不為人知的歷史。現在黑龍江省跟內蒙古邊境附近的齊齊哈爾，就是南韓第五至第九任總統、也是前總統朴槿惠父親的朴正熙在滿洲國時曾經服役的地方。朴正熙在日本士官學校畢業後，在一九四四年被分發到齊齊哈爾的關東軍六三五部隊做見習軍官，見習結束後則被調任到熱河的滿洲國軍第八軍團擔任少尉。這段歷史常常被現在的韓國左派拿來調侃，諷刺創造「漢江奇蹟」的朴正熙，跟

哈爾濱七三一部隊遺址中，記載著不少遇害朝鮮人抗日志士的姓名。

金日成還有金九等地下抗日軍相比，根本是「牆頭草」或「親日派」。

韓國或朝鮮在滿洲的記憶大部分都是悲慘的，若跟當地朝鮮族談起滿洲國，很多人都可以說出自己祖先在當地抗日的事蹟（若是親日派的話當然就絕口不提），而現在中國政府也將當時朝鮮人抗日的歷史納入，作為一同抗日、愛國主義宣傳的一部分。

滿洲的韓國抗日志士

「愛國主義宣傳基地」是中國政府正式使用的名詞，大剌剌地直接將博物館或紀念館的目的告訴你。包括旅順監獄紀念館、哈爾濱的七三一部隊遺址、間島日本總領事館等等，館內的展示內容都充滿濃濃的宣傳意味。在二次世界大戰時，因為有許

哈爾濱車站旁的安重根義士紀念館。

多韓籍的地下抗日志士來到相較朝鮮半島管控較鬆的滿洲國，所以在許多紀念館中，除了記載中國當時的抗日活動之外，也可以看到不少韓籍抗日志士的姓名，塑造中韓一同對抗日本帝國主義的氛圍。

哈爾濱除了七三一部隊遺址，還有一間與日韓歷史有很大關係的紀念館，二〇一四年才落成。哈爾濱火車站是連接蒙古國、俄國還有東北幾個大城市的重要轉運站，規模頗為龐大，這間紀念館就在車站旁邊，它是「安重根義士紀念館」。紀念館的「主角」安重根不是中國人，而是朝鮮抗日份子。一九〇五年後，韓國接連被迫簽訂《乙巳條約》、《丁未條約》，成為喪失主權的日本保護國（實際上的殖民地）。一九〇九年，安重根得知前日本首相、時任「韓國統監」的伊藤博文將至哈爾濱與俄羅斯官員會晤，便於哈爾濱火車站潛伏，在伊藤博

旅順監獄日俄監獄。一九〇二年由俄國建立，一九〇五年日俄戰爭後移交給日本，一九〇七年擴建。監獄中關押、處死過許多知名抗日朝鮮志士，安重根就是其中之一。

文步出月台後上前開槍刺殺。伊藤博文被射中三槍後不治死亡，而安重根也隨即被押解到旅順監獄，在一九一〇年被處死。

安重根刺殺伊藤博文的事蹟被廣為流傳，無論南北韓都曾經拍電影紀念他，一致認為他是民族英雄。除了安重根，在延邊朝鮮族自治州的龍井市，還有一位相當知名的朝鮮抗日義士，他的名字是尹東柱。

出身朝滿邊境的愛國詩人

延邊朝鮮族自治州是中國政府設立的中國少數民族「朝鮮族」的自治區，當地的道路名稱或商店招牌，都是先以朝鮮文（韓文）為第一，第二、第三排才是中文跟英文，「朝鮮」是當地首要的族群、文化認同。過去，延邊（間島）一直是中朝邊

旅順監獄的規範，以日文、韓文跟中文並列。

境糾結不清的地帶，後來甚至連俄羅斯也介入；而隨著日本對朝鮮半島的入侵，間島也成了日本覬覦的目標之一。

尹東柱的曾祖父出身咸鏡道，在十九世紀末移居延邊，尹東柱一九一七年出生於延邊龍井市，在一九三二年日本控制中國東北、成立滿洲國之時，延邊（間島）地區也無可避免地，完全被帝國主義的陰影籠罩了。日本掌控朝鮮半島、中國東北的過程，想必對當時年少的尹東柱帶來很大的衝擊。尹東柱一九三五年進入平壤的崇實中學讀書，在一九三九年，他就開始在《朝鮮日報》或其他朝文刊物上發表散文及詩作；尹東柱的作品常常包含朝鮮民族主義的精神，在一九四三年被以參與反日民族獨立運動為由遭日本警察逮捕，被判刑兩年，並在獄中遭到虐待，最後在二戰結束前幾個月的一九四五年二月十六日死於福岡刑務所。

現在龍井的尹東柱故居被當地政府改建成紀念館，展示他所創作的詩文以及生平事蹟。但這位以

尹東柱紀念館的紀念碑。

朝鮮文創作、不幸英年早逝的愛國詩人，愛的是哪一國？卻在後世引起爭議。中國政府認為，尹東柱因為是出生於中國的領土，所以身分是中國少數民族朝鮮族，進行抗日運動愛的當然是「中國」。但是南北韓則認為，尹東柱一生進行抗日的目的，就是希望朝鮮半島可以從日本帝國主義中得到解放，成立一個統一的韓國，所以他愛的是「韓國」。但我想，這些爭議如果尹東柱自己地下有知，應該會感到相當無奈，甚至不以為然吧。

日本入侵滿洲，牽動朝鮮歷史

日本是怎麼侵入東北的呢？在東北的遼東半島上，有兩個海港城市在清末民初時期相當受到國際重視：大連跟旅順。在一八九五年簽訂的《馬關條約》中，日本就要求清廷割讓遼東半島，即使俄羅斯等國「干涉還遼」，日本仍希望保有大連及旅順，可見對這兩個港口的重視：擁有海港是日本制海權的重要基礎。

而對積極擴展勢力的俄羅斯來說，日本控有遼東半島及這兩個海港口會損害自己的利益，因此堅決反對，並在干涉還遼後三年，就迫使清廷簽訂《旅大租地條約》，將旅順及大連變為自己的租界。

在大連的南滿鐵道株式會社。

日本和俄羅斯的利益衝突，預告了一九〇五年的日俄戰爭。在俄羅斯於日俄戰爭戰敗之後，兩國簽署《朴資茅斯條約》，遼東半島的租界地（關東州）以及中東鐵路的南滿洲區段都被轉讓給日本，開始了日本在東北的殖民歷史。同時，俄羅斯承認日本對朝鮮的各種外交權利。甲午戰爭、日俄戰爭這兩場戰爭，朝鮮半島不只成為戰場，戰爭的結果也影響了朝鮮人民的命運。在取得關東州租界及南滿鐵路後，日本先後成立了關東都督府以及南滿洲鐵道株式會社，作為在軍政及經濟進行殖民統治的機構。

大連跟旅順兩地因是海港都市，渤海就在咫尺之遙，空氣中有淡淡的海味。走在大連的街上，很容易發現一些日本統治時期的建築。無論是前大和賓館或是南滿鐵路株式會社舊址，都有濃濃的日本帝國風格，而這些地點就是日本帝國積極介入東北事務的重要據點。

座落在大連市中心的日本時期「大和旅館」，現已改為「大連賓館」。

南滿鐵路株式會社（簡稱滿鐵）在當地甚至被稱為是「日本的東印度公司」，也就是日本以基礎建設和工商業的生產及貿易，介入滿洲的各項事務，其中包含陸海空運、礦產開發、農林畜牧業還有文化教育等，都有滿鐵的蹤跡。在當時，滿鐵的總裁擁有相當大的權力，首任總裁是先前擔任台灣總督府民政長官的後藤新平。而幾位原台灣總督府的官僚如中村是公（第二任滿鐵總裁）、岡松參太郎也進入滿鐵任職，無疑是看重他們在台灣殖民統治的經驗與實績。

同時，以租界及滿鐵附屬地的保衛為由，日本開始在滿洲駐軍，關東督都府的陸軍部，就是關東軍的前身。一九一九年，關東軍司令部正式成立。關東軍隨著日本勢力在東北漸漸擴大，並且在成立滿洲國、掌握全東北之後，軍隊編制規模最大時兵力到達八十五萬，是當時控制東北重要的力量之一。

移居滿洲的台灣人與朝鮮人

另外，滿洲國成立後，在石原莞爾、板垣征四郎等幾位日本軍官推動下，同年於新京（長春）成立了滿洲國協和會，倡導「五族協和」。主要是希望透過各地區分會的力量，扎根滿洲國的各個層面。石原莞爾原本期待協和會能成為滿洲實際的民意機關及政治力量，但在關東軍及日系官僚的影響介入下，協和會也只是日本帝國的宣傳及動員組織而已。

值得一提的是，協和會成立時的事務部長是台灣人，他也是滿洲國的首任外交部長，謝介石。謝介石曾擔任台灣協會學校的台語講師，他在一九一五年放棄日本國籍歸化中華民國，一九一七年參與張勳復辟而結識溥儀，之後還曾擔任溥儀流亡朝廷的官員。一九三五年他返台

在滿洲國擔任外交部長的台灣人謝介石。

在中國大連的「東洋拓殖株式會社」舊址。

參加台灣博覽會，可謂衣錦還鄉，也促動了部分台灣人對移民滿洲國的嚮往。在曾經移居滿洲的台灣人中，知名者還有作家鍾理和。

不過，從台灣移民到滿洲國的只有約五千人，跟移民滿洲的朝鮮人相比是天壤之別。在九一八事變之前，移居滿洲的朝鮮人就已多達六十三萬人（主要在延邊／間島地區），而之後除了自由移民外，日本官方也有計畫地進行滿洲移民事務，並在一九三六年成立鮮滿拓殖株式會社。據統計，在一九三七年到一九四二年間的政策性移民，共達十四萬人，而到一九四二年為止，包含前述的六十三萬人在內，移居滿洲的朝鮮人總計更高達一百五十萬人次。這些大批的移民潮，多半是因為生活困苦而謀求新的機會，然而朝鮮移民在搬移到滿洲後，生活也很少獲得改善，即使有配給土地，也可能很難耕種，甚至連找房子住都有困難。

二戰結束後，滿洲國的回憶在中國東北漸漸消逝，只存在於愛國主義宣傳基地中。但是在韓國，仍有不少電影或影集都會用這段歷史作為背景，帶出當時朝鮮抗日的故事。例如《神偷、獵人、斷指客》，就是以滿洲國為背景相當出名的作品。時至今日，也常會有南北韓的訪客，特別前往中國東北各地，憑弔過往的歷史。

說著相同語言，卻難以跨越隔閡：變了調的韓國夢

步出首爾的江南地鐵站，南韓冬天冷冽的寒意隨即侵襲全身，將大衣的釦子扣上後，不自覺地開始觀察四周環境。三三兩兩穿著時尚的男女，低著頭不斷用手指滑動智慧型手機的螢幕。就在我仍在思索哪位才是我約好的受訪人時，一位年紀看起來只有二十多歲的女子向我走了過來。

「不好意思讓你久等了，我們去找地方坐下來聊聊吧。」受訪者安書慶小姐是在韓國的朝鮮族，已經來

韓國朝鮮族受訪者安書慶。

韓國兩年半。從淑明女子大學研究所休學後選擇打工的她，因為家人大部分都在韓國，因此從中國延邊朝鮮族自治州的大學畢業後，就跟不少朝鮮族年輕人一樣，漂洋過海來到這個跟自己有相同語言的國度，希望追逐在電視上看到的，韓國夢。

第三個韓國？

因為大陸跟朝鮮半島地緣緊密的關係，不少朝鮮族很早就在靠近北韓邊境的中國東北地區居住。但其實有很多人都是在日本殖民時期，因為不希望受到日本統治而逃到中國東北。連當時北韓的開國領袖金日成，也是在東北滿洲國地區潛伏為地下共產黨游擊隊，不時打游擊戰擾亂日本政府的統治。而在戰爭結束後，雖然有約五十萬人左右的朝鮮族跟著金日成回到北韓，但也有不少人留在東北。

這個分佈在中國東北的朝鮮族，是中國人口第十四大的民族，在當地總共有約一百九十多萬人，大部分的居民都住在吉林省（遼寧及黑龍江省人數較少），尤其以延邊朝鮮族自治州最多。而延邊的首府就是跟台北市知名街道延吉街同名的延吉市，在這裡可以看到中文與韓文並列的路標，人們操著和韓國口音不同的韓語，有點像是別於南韓、北韓之外，第三個韓國的感覺。

飄洋過海追逐韓國夢

禁不起韓國冬天的冷風穿透衣服刺入骨頭，我與安小姐迅速找了一家咖啡廳，選了靠窗的位子坐下準備採訪。為了暖和受凍的身軀，我們各點了一杯咖啡來喝。外表看似文靜的安小姐，出乎我意料之外地點了一杯雙倍濃度的美式咖啡。看到表情驚訝的我，她撥了撥頭髮說：「沒有啦，等等要去上班，這樣工作會比較有精神。」從淑明女大的中文所休學後，正在打工賺錢的她，希望自己未來可以成為一位中文教師，在韓國找到立足之地。

熱呼呼的咖啡送上來後，我開始對她如何來到韓國，以及他家人與韓國的關係做了簡單的「身家調查」。「其實我爺爺的戶籍都還在韓國，甚至還有一些遠親也都住在韓國。後來家人曾經過來這邊找了一下，地址都改變了，完全找不到。」安小姐喝了口濃烈的黑咖啡後繼續說：「最後我媽媽在我小時候來到這裡工作，賺錢寄回家裡，供我讀書。最後，我也跟許多朋友一樣，大學時來韓國讀一學期的交換學生，畢業就來這裡讀碩研（碩士）了。」

苦痛的民族：不被韓國接納的族人

朝鮮族人在中國跟韓國建交之後，開始可以合法移民進入韓國，並且以外國人的身分居住、打工。也有不少人在經過一段時間後，拿到韓國身分證入籍韓國，但多數的朝鮮族人都還是拿著外國人居留證在韓國各地工作。由於剛開放時，朝鮮族做的工作大多是韓國人沒有興趣的 3D（Dirty, Difficult, Dangerous，髒、累、險）工作，再加上文化及生活習慣上的差異，韓國人普遍對朝鮮族都懷有負面的情緒及印象。

最主要是因為幾年前幾件轟動韓國的朝鮮族兇殺案，[1]讓韓國人對朝鮮族有了相當極端的刻板印象，而這種印象再加上電視劇及電影的渲染，讓韓國人對自己來自遠方的同胞，並不友善。

延邊市區街景。

安小姐喝了一口咖啡後，跟我解釋朝鮮族在這裡受到的待遇：「韓國人通常會覺得朝鮮族都是學歷低、暴力、黑幫或是電話詐騙等等的負面印象。」安小姐話鋒一轉，一臉正經地說：「但說實在的，我覺得這幾年有在慢慢改善了。其實這些刻板印象都是媒體弄出來的，但是當然，一些電影或電視劇也有幫朝鮮族講好話，並沒有一面倒地批評。」接著，安小姐以自己的例子，向我解釋朝鮮族在東北和韓國的狀況。「我父母在我初中的時候就來韓國了。在延邊很多家庭都像這樣，父母到外國打工賺錢，大部分都是來韓國或是去日本，希望讓自己的後代可以讀書上大學。我們那邊有一句話，就是把家裡的牛賣了，都要讓子女讀書上大學。」

安小姐苦笑了一下繼續說：「其實，這個狀況在延邊相當常見，父母兩人或是其中一人到外地（或外國）工作之後，就剩下小孩子跟姥姥（外婆）在家裡，這在大陸還有個名詞叫『留守兒童』，就是在形容這種家庭的小孩，我就是其中一個。」安小姐嘆了口氣說：「是啊！朝鮮族算是一個有很多苦痛的民族。基本上，十個家庭裡面，至少有七、八個會有這樣的情況。所以朝鮮族的家庭很多都是離婚的單親家庭，我現在的父親也是我的後爸（繼父）。而且這樣的狀況也導致不少朝鮮族的家庭或是小孩子誤入歧途，像是加入幫派或是作奸犯科之類的。」

相較於韓國的富裕，中國東北的生活狀況比較簡單，但也因為延邊位處俄國和北韓的接壤處，所以出現不少走私及犯罪行為。再加上留守兒童的狀況普遍，造成朝鮮族的家庭比較複雜。許多前往韓國的朝鮮族除了生活習慣不適應之外，消費水準忽然升高也讓不少人難以習慣。有的人為了生存、或被高消費的生活沖昏頭，走上錯誤的道路，才讓自己的族人背上了難以洗脫的惡名。

「你到底是中國人還是韓國人？」

跟安小姐聊了一陣子之後，我帶著好奇的口吻，問了安小姐這個我一直很有興趣的問題：「來到韓國已經一段時間了，妳會希望在未來換成韓國國籍嗎？」她回答說：「不會的，還是想要回去，只是來這裡賺錢罷了，我身邊大多數的朋友也都是這麼想的。」安小姐的答案跟一般在九〇年代就來到這裡的朝鮮族完全不同。許多早一步來到這裡的朝鮮族就是希望離開改革開放剛起步的中國（經濟水準仍低落），成為韓國這個已開發國家的國民。直到現在，他們來到韓國的時間也都超過十年，對韓國產生了不少感情。然而，如同安小姐的年輕一輩則是已經嚐到中國改革開放後的果實，家人也賣牛賣羊讓他們上了大學，雖然還是千里迢迢來到韓國，但是中國給他們的歸屬感，或許就比韓國多了些。

此外，在二〇一三年十一月，超過一萬名朝鮮族在首爾市政廳前的廣場聚集抗議，希望韓國政府對現有的《在外同胞法》進行修訂，讓包括在美、在日的僑胞所享有的簽證待遇也擴大到在中的朝鮮族僑胞，使他們可以享有自由進出韓國、自由就業等在外同胞（F4）簽證的優惠，被真正以同胞的方式對待。

在結束訪問之前，她無奈地跟我說：「其實在這裡有不少漢人學生很不喜歡朝鮮族『假裝』自己是韓國人，不時都會很挑釁地問你：『你到底是中國人還是韓國人？』」我聽了之後也很好奇地回問：「那妳都怎麼回答呢？」安小姐想了想後回答我：「我會說我的國籍是中國人，但是我的民族是朝鮮族。」

1 二〇一二年四月，在韓國京畿道的水原發生一起轟動全國的碎屍案。一名朝鮮族男性故意開車撞倒一位二十八歲的韓國女性後，將她帶回住所性侵。而該女子在死前曾偷偷打電話報警，甚至詳細說明所在位置，但最後還是遭到殺害。而兇手將女子殺害後分屍為二百八十塊，並且分裝到十四個塑膠袋中。最後這起案件曝光，而受理報案的警察也因為怠忽職守，沒有將報案當成一回事，讓警察的形象受到重創，警察局長甚至因而下台。這起事件也讓朝鮮族原本就不受歡迎的形象，一時間變得更加負面。

延邊朝鮮族自治州的首府：第三個韓國

踏出飛機進入延吉海關後，立刻感受到寒冷東北氣候的歡迎，不自覺地將雙手插進口袋取暖。

在海關檢查完證件後抬頭一看，中文的「延吉」和朝文「연길」並列（延邊人稱韓文為朝文），這時我才意識到自己已抵達除了南韓及北韓之外，另一個較不為人知的「韓國」：中國延邊朝鮮族自治州的首府，延吉。

東北的豪邁與朝鮮族的熱情

出關後一對穿著流行的情侶迎面走來，熱情地向我打招呼：「你好啊！歡迎來到延吉！」他們是兩位目前就讀延邊大學的朝鮮族學生，金聖鐘與李賢美。一個月前在台灣聯絡他們時，金聖鐘跟我在微信上聊沒幾句，馬上就提議等我拜訪延吉時要來機場接我，讓當時仍在台灣的我就感受到延邊朝鮮族的熱情。他們載我到旅館 check in 之後，馬上帶我到當地知名的烤肉串店享用大餐，聊了一陣子後，還馬上承諾過幾天要開車載我到附近的琿春、龍井等幾個城市，幫助我了解延邊朝鮮族的生活狀況。

在延吉市的朝鮮族金聖鐘與李賢美。

在南韓的電影或電視劇中，朝鮮族普遍被冠上負面形象，使不少南韓人對朝鮮族的印象相當不好，認為延邊就是一個罪犯聚集之地。但是，真的是這樣嗎？在金聖鐘開車帶我進入延吉市區後，映入眼簾的是五光十色的霓虹燈招牌與人來人往的街道，雖然比不上北京、上海等幾個大都市，但也並沒有想像中的混亂。

而在南韓一部由演員河正宇演出的電影《黃海追緝》，描述一位延邊朝鮮族計程車司機因生活所逼，接受黑幫的委託前往南韓進行暗殺任務。電影中野蠻的形象再加上大明星的加持，使得南韓人更加深對朝鮮族的歧視。在延邊的朝鮮族，對於南韓如此對待同族人的態度，感到相當不快。

「我們也不喜歡他們啊！」

「很多南韓人都以為我們這邊還很落後，甚至還有人問我『延邊人會用筷子吃飯嗎？延邊是不是每天都有凶殺案啊？』聽了真的讓人感到相當生氣，他們歧視我們，我們也不喜歡他們啊！」李賢美忿忿不平地說道：「我也去過南韓幾次，雖然我們是同一個民族，但是真的很不喜歡他們的態度。」這其實是延邊人普遍的心情寫照，對於南韓人貶低朝鮮族，剛開始是感到失望，後來隨著歧視越來越嚴重、甚至一竿子打翻一船人，所以越來越感到生氣。

儘管朝鮮族人不喜歡南韓人的歧視態度，但因為有八至九成朝鮮族的父母、親人在南韓生活與工作，年輕一代的朝鮮族大多去過南韓，甚至也計畫前往南韓工作或生活，因此對於南韓，都存在一種又愛又恨的感覺。

延吉市區傳統市集販售紅高粱。

如果兩韓統一了，會想過去住嗎？

「我一點兒都不會想要過去！」金聖鐘表情堅定地跟我說：「這裡才是我的國家，我不會想搬過去。」父親是中國人民銀行的龍井市支行行長，根正苗紅的聖鐘也表現出相當強烈的國家認同意識。雖然大部分在延邊的朝鮮族是由朝鮮半島移居過來的，但目前為止已經到了第三及第四代，年輕人對家鄉的概念，也從原本上一輩認同的朝鮮半島轉變成為中國。

在六〇年代，北韓因為得到蘇聯支持以及日本殖民時期留下來的工業基礎建設，經濟狀況比中國好。但在改革開放之後，融入世界經濟體系的中國快速發展，將孤立自身的北韓遠遠拋在腦後。而雖然南韓的發展狀況較好，但延邊朝鮮族人普遍非常不喜歡南韓人對他們的態度。因此，朝鮮族人對無論北韓或南韓的認同感，都不會太高。

在延吉市區除了新建設的百貨公司及新公寓之外，也可以看到數十年屋齡的磚瓦房及舊公寓。駛出延吉上了高速公路後，公路旁的東北浩瀚景色盡收眼底，在冬天的尾聲不時能見到山頭上覆蓋著淡淡的白雪。有時候也可以看到農村裡磚塊搭建的小屋，幾間屋子旁整齊的煙囪白煙裊裊，還有幾隻牛在已收割的稻田裡走動，純樸的生活讓人感到心情舒暢。

「留守兒童」的社會問題嚴重

然而，在這個看似平和的地方卻存在著一個相當嚴重的問題，就是父母親到外地工作後，留下來跟其他親戚居住、長大的「留守兒童」。在南韓與中華人民共和國建交後，兩國的人民因再也不需要以偷渡的方式往來，使得當時生活水準仍較低的延邊人，大批大批地前往南韓工作。

「這裡在九〇年代時的薪資大概是四百到六百塊人民幣，但是那個時候在南韓，延邊人一個月至少可以賺到八千塊人民幣，如果是你，你去不去？」目前已長期在長春生活的桂姓朝鮮族朋友無可奈何地跟我說：「但這樣也讓這個地方產生許多家庭問題，我自己的親人就是最好的案例。我大爺（大伯）因為懷疑自己在南韓工作的妻子，在她回國的時候拿刀把她捅死了，現在被判無期徒刑，蹲在監獄裡。」

延邊朝鮮族仍保有傳統製作豆腐的工法。

其實除了朝鮮族的夫妻之外，許多家庭的小孩也因為沒有得到父母關愛，行為出現偏差。朝鮮族李娜也跟我說：「因為長期在南韓工作無法回來陪小孩，所以不少朝鮮族父母都會定時寄錢回家給小孩用，而且那些錢的數目都不小，使得這裡的孩子越來越嬌生慣養、不認真讀書，長大了也不知道自己要幹什麼，但又拿慣了輕鬆錢，所以就會到社會上為非作歹了。」

地方經濟及社會問題難解

留守兒童所產生的各種社會問題，對在延邊的朝鮮族來說並非特例，而是相當普遍。另外，也因為九〇年代朝鮮族人的父母都前往南韓、日本、美國等地賺錢，將錢匯回來後使得延邊當地的消費水準上升，雖不比台北、上海等都市，但對於在當地賺錢的民眾來說，絕對負擔不起。

在延邊的外食一道菜可以高達三十塊人民幣，但平均坐一趟計程車通常都只有六塊左右，絕不會超過十塊人民幣。也就是計程車司機必須至少跑個四、五趟，才可以賺到一頓飯的錢（計程車的成本、人力等都還沒有計入）。由此可見，若留在當地工作，不兼個副業便無法生存，更別說要養家活口了。

延邊經濟因為各種原因變得極端。

一位在延邊大學科技學院教書的漢族教授在受訪時跟我說，來到這裡一段時間後，他觀察到朝鮮族雖然是在延邊出身長大，但大多都沒有把這裡當成自己一輩子居住的地方，很多人都希望到其他大城市或其他比較先進的國家生活，因此這個自治州的朝鮮族居民越來越少。

而我所遇到的延邊朝鮮族受訪者，被問及對自治州未來走向的看法時，都顯得相當悲觀，甚至認為再過不到十年，自治州的特殊性可能就會被政府取消，朝鮮族在中國的地位也會漸漸下降。到了最後，說不定連想待在這裡的朝鮮族們，也不得不遷出，尋找一片自己的新天地。

朝鮮族自治州的邊境小農村：一條河，兩個世界

一雙銳利的眼神向我們射來，穿著筆挺綠色軍裝的軍人，一動也不動地盯著我們看。這時我們才意識到「好像踏入了不該進入的區域了」。為了讓這位荷槍實彈戒備的邊防軍人放鬆，我刻意伸手比劃，裝作是一位誤打誤撞來到這裡的傻遊客，指向小溪的對岸，擺出一副驚訝的表情向我同伴說：「你看，那是北韓國旗耶！」沒錯，再一、兩百公尺的距離，就是那個神祕國度：朝鮮民主主義人民共和國，簡稱「北韓」。

從中國邊境深入北韓

這裡是延邊朝鮮族自治州的邊境小農村。通常想從中國遠眺北韓的遊客，都會前往圖們或琿春等地，那裡會有官方幫你安排好的「觀看點」，但這個名為「開山屯」的小農村其實才是離北韓最近的邊境村落，而我這次的採訪行程，剛好有一位朋友的老家就是在開山屯，所以我們就一起開車前往這個小農村。

在出發前其實我並沒有什麼想法，但越來越靠近目的地時，我發現在農村的路口都會有幾個人站在一起，不斷對經過的我們投以不友善的眼光（我猜想是在懷疑或監視來往車輛），讓我也漸漸緊張了起來。

開山屯邊境村照片。

在我們要抵達邊境海關之前，意外地跟前方的一輛軍車一起跨越檢查哨、沒有被攔下，直闖邊境海關。甚至在把車開到河旁，大膽地下車後才發現，一旁的軍人惡狠狠地盯著我們看。我在下車前已經用小型的GoPro照了不少照片，但下車後才急急忙忙將相機收起。來自延吉的同伴因為是當地人，並沒有對現場的情況感到相當緊張，但身為台灣記者的我內心知道，若被逮到亂拍照雖不至於入監服刑，但小則相片被刪除、大則牽連到兩位朋友，甚至我也可能被中國政府列為黑名單，導致未來入境時被刁難。因此我也故作鎮定，裝成毫無犯意的遊客，對著河對岸指指點點後，上車準備離開。

「這裡不可以亂照相，手機全部拿出來看看！」

但在倒車時，一位臉色鐵青的守衛向我們的車子走過來，要前座同伴將相片刪除，兩位當地人則用地方口音說：「沒有照相，我們在看百度地圖找路呢！」由於台灣腔在這個格格不入的東北顯得特別明顯，因此我惜字如金，臉上擠出大大笑容看了他一下後，這位解放軍老兄便一臉不爽地揮了揮手要我們快走。

但事情沒這麼簡單，開了不到幾百公尺，我們回到了先前僥倖躲過的檢查站，幾位戴鋼盔手持自動步槍的衛哨示意我們搖下窗戶，盤問：「你們都打哪來的啊？」同伴們再度以當地口音說：「我們是延吉來的，只是來這兒晃晃。」守衛看了一下後說：「這裡不可以亂照相，手機全部拿出來看看！」我們乖乖地交出手機，而我也順勢將GoPro踢到座椅下，而相機則是早就藏好，並掏出沒有對邊境照相的手機給他檢查。臉上表情保持冷靜的我，其實心臟有如發狂的節拍器般跳動，他低頭檢視了我們手機中一些吃吃喝喝的照片後，再看了坐在後座的我一眼（我再度擠出笑容裝無辜），殺氣很重的阿兵哥老兄就要他的兄弟打開厚重的鐵製路障，放我們出去了。

窮途末路的脫北者

在這個跟北韓緊鄰的小鎮裡，雖然看起來是個普通農村，但是曾在這裡住過幾年的同伴跟我說，小時候家裡接待過幾個脫北者。雖然當時他年紀還小記不清楚，但印象中有陌生人曾住過他們家，雖然只有兩三天，但是他們的口音跟當地朝鮮族不同，所以印象很深刻。另一位朝鮮族同伴也說，若是他們家遇到脫北者求救，他也一定施予援手，幫助同胞。

脫北者跨過鴨綠江或圖們江到達中國後，第一個進入的就是這些小農村。「我

在車內偷拍的邊境照片。

邊境村莊。

住在邊境的親戚以前跟我說，他不時要到魚塭去巡視，因為都會有脫北者來偷魚吃。甚至，每晚還必須把刀藏在自己的枕頭下，才可以安心入睡。」另一位在延吉長大的朝鮮族朋友也跟我說：「我還聽說過在邊境的農村有脫北者殺人搶錢什麼的，有點恐怖。」當然，並不是所有脫北者都是如此殘忍，另一位朝鮮族受訪者跟我說：「我覺得他們很可憐，而且是我們的同胞，所以應該要幫助他們。」

多數接受採訪的朝鮮族對於脫北者的看法都是投以同情的態度，幾位朝鮮族朋友也跟我分享過一些他們的經驗，大多都是遇到脫北者要食物或尋求協助的例子。通常歷經千辛萬苦逃離北韓的脫北者除了要在跨江之前，逃過北韓衛兵的監視（有被當場射殺的可能）之外，進入中國境內後，還必須東躲西藏，防止被中國警察發現。因為在中國被逮捕後，脫北者會被遣返回北韓，回去後通常不會有好下場，不是進勞改營就是等著被槍斃。

而在進入中國境內後，脫北者有幾條路可選。第一是跨越中國、蒙古的邊境，進入蒙古後被蒙古警察逮捕，蒙古交給南韓政府處理。另外就是跨越中國、偷渡進入東南亞國家，最後衝入外國大使館，或是被當地警方逮捕，交由南韓政府處理（依國家狀況不同會有不同的處理方式）。或者是直接從中國的港口出海，偷渡進入南韓。每種方式都有相當高的風險，因為只要被中國政府抓住，遣返的後果等於生命終結。

一位長期在延邊教學的老師跟我說，這裡是邊境城市，有時候他騎機車到圖們江邊境附近晃晃，會看到北韓人民冒著生命危險，跨越邊界來到中國的森林裡摘藍莓果腹。但他也說，其實北韓人並不喜歡中國人，甚至認為中國是背叛社會主義的國家。所以當中國民眾給他們食物時，雖然會接下，但還是會回頭大罵那位施捨者，甚至丟石頭攻擊，這樣的狀況其實並不少見。

到北韓畢業旅行

另外，在延邊居住的居民有個一般人想像不到的經驗：到「北韓畢業旅行」。一位在南韓工作的朝鮮族安小姐受訪時曾跟我說，在她國小畢業時，他們的畢業旅行就是到北韓的羅津旅遊一個禮拜。她受訪時也跟我說了一些想法：「那時候看到他們路上有很多乞丐，很多到處遊走的小孩，當時沒什麼感覺，但現在真的感到很悲哀。」

其實在延邊是允許北韓人民來這裡工作，除了一些大型飯店會有北韓表演者表演傳統歌舞秀之外，在一些大型的連鎖烤肉串店也可以看到一些胸前掛有北韓國旗的服

圖們經濟開發區。

務生。但他們為了保持低調，這些地方通常都禁止拍照。在延邊自治區轄下的圖們市裡，甚至還有一個中國、朝鮮（北韓）合作的工業園區，裡面的工人都來自北韓。但是根據當地朝鮮族朋友表示，他們並不能自由離開工業區，當然，一般人想要進去一探究竟，也不怎麼容易。

除了這些之外，一間在延邊的私立科技大學，每個學期會有不超過十位的北韓交換生來這裡讀書。一位延邊科大的教授受訪時指出，雖然他們可以到這讀書，但經常還是有北韓的政府官員在監視。這所學校的畢業校友安小姐也說，她記得自己在讀書時曾聽過一位北韓交換生因為跟學校的南韓學生走太近，所以中斷學業被召回北韓了。

在這個世界上離北韓最近的地方，除了會有脫北者前來求生之外，當然也有一些北韓士兵持械越界，並且引起不小的騷動。他們通常都是因為在北韓無法生存下去才出此下策，若「幸運」被中國警察擊斃，則不用再受苦；但若沒有失去性命被遣返回北韓，除了會被槍斃之外，連家人也會受牽連遭殃。

從車上拍到的開山屯邊境照片。

一眼眺望日韓俄三國的邊境城市——琿春

俄國貨商店的漢族
老闆于偉。

東北冷冽的寒風逼得我下車之後，三步併作兩步，馬上就往店家裡跑。在進入門口前抬頭望了一下，「大娃進出口」幾個中文字旁襯上斯拉夫文和韓文，展現了這間店的特色。在進入店內之後，映入眼簾的是俄羅斯娃娃、特濃巧克力與喝一口便足以暖身的伏特加，讓我忽然有種來到東歐的錯覺。一位面貌清秀的大哥向我走了過來：「怎麼了？想知道些什麼啊？」他是這間專門進口俄國貨商店的漢族老闆于偉。一身幹練的他，熱心地為我這位台灣來的客人解說琿春市的風貌，以及這個三國交界邊境城市的特殊性。

有如小東歐的琿春

座落在延邊朝鮮族自治州的琿春市，擁有

其他城市沒有的一個特點：處於中國、北韓與俄羅斯三國之間的交界。因此除了城市中的商店招牌上有著中韓俄三國語言，路上也不時可以見到金髮碧眼的俄國人。這裡除了與延吉一樣漢族、朝族（朝鮮族）混居之外，路上還有俄羅斯式建築，讓這座邊境城市多了點異國風情。

這間俄國貨商店不斷有人推門進來，不是點貨就是買東西，可以看得出來生意不錯。于偉大哥受訪時，也不時中斷訪問去招呼客人，看起來相當享受這樣的忙碌。「我五前年開始做貿易的時候，其實還沒有像我這樣大批大批進口的商人，頂多就是跑單幫，做少量的進口。但現在中俄之間的貿易越來越多，我甚至認為，過不久中國跟俄國也會像中韓一樣簽署FTA，俄國貨也會如同韓國貨一樣，在中國境內暢流。」于偉臉上露出些許驕傲的表情，感覺得出來他取得先機，搭上政府推動琿春的旅遊業發展列車，荷包賺得滿滿。

在琿春做生意要遵守規矩

鐵爐上的牛肉跟羊肉串烤得滋滋作響，在琿春出生長大的朝鮮族崔恩學豪邁地拿起一旁的烤蛋，津津有味地吃了起來。崔恩學之前曾前往天津向他的貿易生朋友學了一些貿易技巧，現在回到了琿春，準備大展身手，將這裡進口的北韓、俄國及南韓貨物銷到中國其他地區。

在這裡做貿易都有一些小規定要遵守。例如去過南韓的人就不可能跑北韓線，進去北韓將貨物買出來的專員也必須遵守海關開關的時間。「其實最近比較不常開關，我朋友這禮拜六去，通常是禮拜天會開關讓他回來，但這次沒回來，所以就要在那裡待一個禮拜，到下禮拜才可以回來。」雖然北韓在世界的印象是一個極端封鎖的國度，但是在這個邊境城市或許並不是那麼一回事，儘

圖右為朝鮮族受訪者崔恩學。

管人們還是覺得北韓相當神祕，但是可以感覺得到這裡與北韓的距離，並不如與其他地方那般遙不可及。

歷史課本上會出現的小城市

一臉靦腆表情的朝鮮族崔洪洙知道自己要受訪時，馬上撥撥頭髮，臉上堆滿笑容地說：「怎麼樣？我們店裡的東西好吃嗎？」開業已經兩年的他，從日本學習經營回來後，在琿春開了間烤肉串店，生意相當不錯。

崔洪洙表示，雖然他是在日本進修，但是要在這個地方開日本料理店是很困難的事。幾年前在琿春有人試著開日本拉麵店，但是沒多久就因為沒有客人上門，所

烤肉串店老闆崔洪洙。

以不得不關店。「在這裡只要跟日本有關係都很難做起來，所以我就開了間大家都喜歡的烤肉串店，雖然在琿春已經有很多間，但是我這裡還是每天都很多人來，生意興隆，明年準備開分店了。」

「我相信琿春在未來會變成一座大型旅遊城市，尤其是『防川』那邊有一眼望三國的特色，可以吸引很多遊客來。」崔洪洙所說的防川是一個濱海的城市，它面向日本海，向左看就是俄羅斯的包得哥爾那亞小鎮，向右看就是北韓的豆滿江市，而腳下踩的是中國土地。這在歷史上有「雞鳴聞三國、犬吠驚三疆」的形容，顯示出防川地理位置的特殊性。

琿春這個三國交界之處，在歷史上其實小有名氣。清朝時，沙俄帝國的鐵騎兵臨城下，強逼清朝簽了一連串重劃地界的條約，其中一條《中俄琿春東界約》也讓清朝喪失了不少土地。當時的沙俄帝國除了領土野心之外，主要就是希望讓清朝在東北地區沒有港口可用，若要出海必須回到大連、撫順等港口。時至今日，在離琿春不遠的海參威除了是俄羅斯在遠東的最大城市之外，也是俄國太平洋艦隊的母港，仍然緊緊牽制著中國在這個地區的發展。另外，因為琿春有著相當重要的戰略意義，中國最近也積極推動一帶一路等大戰略，希望以邊境經濟合作區的方式，將琿春發展成東北部重要的貿易通商重點，積極推動各項鐵路及高速公路等基礎建設。

另外，在日本滿洲國時期，日本也相當重視這個兵家必爭之地。在二十世紀初期，日本開始蠶食鯨吞中國的土地，東北地區尤其明顯。在一九三一年九一八事變之後，日本以保護南滿鐵路為理由，佔領了瀋陽，並且在幾年之內成立滿洲國，囊括整個東北地區。而在一九三二年日本設立了琿春鐵路公司，負責管理地方的鐵路，在一九三八年被當時的東滿洲產業收購後，改名為東滿洲鐵道，在一九三九年將鐵軌改為762mm的標準軌，在當時可說是亞洲最先進的鐵路之一。

俄國人夏天必遊地點

「每次到了夏天，俄國人都會包遊覽車來這邊旅遊。」一位在延邊大學讀書的俄國人傑拉德表示，去過琿春幾次，每次都感覺好像回到俄國一樣，使他備感親切。另外，他也點出在琿春相當特別的風景：「我第一次去的時候，還看到一些亞洲臉孔的人，說著一口流利的俄語，讓我相當驚訝。」

在延邊朝鮮族自治區裡，除了有像延吉這樣朝漢混居的都市之外，一些像是琿春的邊境小農村，有著許多一般城市沒有的風景。在這裡生活的人們也發展出一些外界無法想像的生活方式（例如進入北韓、俄國等地貿易），讓這個三國交界的小鎮，有了無可取代的特殊性。

琿春市街上東、西方風格的建築交錯。

上帝也難以進入的地方

北韓與中國都是箝制宗教自由的共產國家，政府限制人民信仰宗教或是膜拜神祇，主要原因是害怕會有比共產黨更大的組織威脅到政權，因此才盡其所能地限制宗教在自己國家的發展。

而另一方面，南韓由於政體不同，再加上歷史脈絡的發展，基督教得以蓬勃發展，並且在政治及商業中扎根頗深。那麼，身為同一種族的延邊朝鮮族，是怎麼看待從西方來的基督教（以下簡稱基督教，包含天主教與新教）？基督教在延邊這個邊境城市，又有什麼樣的發展呢？

對宗教敏感的邊境城市

一路聽著延吉計程車上的民歌，一邊望著窗外，享受邊境城市的早晨風光，不知不覺來到了離城市有一段距離的小社區。在相約見面的地點等了一陣子後，一位頂著韓式流行短髮的女性向我走來，「嗨！你好啊！等很久了嗎？」她是我在韓國認識的朝鮮族所介紹的朋友，連小姐。幾年前她因緣際會信仰基督教，特地帶我到她常去的教會參觀，讓我可以進一步了解朝鮮族在這裡跟基督教的關係。

我們邊走邊寒暄，不久便抵達了她的教會。小時候跟母親去過教會的我，對基督教的禮拜並不算完全陌生，只是在中國這種對宗教有限制的地方，參加教

因為地處邊境，延邊對於宗教議題相當敏感。

會活動則是第一次。進入教會後發現，所有人都很熱情，並沒有躲躲藏藏，甚至也很熱情唱著聖歌並虔誠地禱告。但是當大家聽到我想要拍照記錄時，教會的領導人還是跟我說了聲抱歉，不希望將教會的活動在媒體上曝光，希望保持低調。

「因為這裡是大陸，本來就對宗教有一點敏感，再加上我們這裡是邊境，所以敏感度就更高了。」一位在延吉開小型設計工作室的朝鮮族金先生語重心長地跟我說：「我們教會其實在之前有被查封過，雖然並不是我們的問題，是他們自己（政府）沒溝通好，但我們還是被強制關閉了幾個月。我們這種家庭式教會跟延吉三自教會[1]不一樣，他們（三自教會）跟政府有保持好關係，所以不會被打壓，但是我們受到的壓力就比較大了。」

其實，在我來到延邊之前，一直以為朝鮮族跟韓國人一樣，有很大的比例信奉基督教。但在與連小姐跟金先生等人聊過天後，才發現其實人數並沒有想像中多。金先生也跟我說：「像我們這個教會，雖然是在小社區旁邊，但其實並不是所有社區的人都知道教會的存在。簡單來說，信主的人跟沒有信的人的生活圈，是比較分開的。」

基督教是詐騙集團?本地、外地朝鮮族對基督教的態度大不同

根據我的觀察，在延邊，到過國外或是外地的朝鮮族與在本地出生長大的人，對基督教的態度有很大的不同。基督教在延邊本地朝鮮族的印象中，大多是負面的。例如我在跟朋友寒暄、提到要前往有基督宗教背景的延邊科大採訪時，大家的反應都是「為什麼去那裡啊?延邊科大的人都很極端」等。

甚至還有朝鮮族的朋友說「信基督教不是要把一部分的薪水上繳嗎?根本就是詐騙集團!」從不少受訪者的態度可以看出來，中國政府對宗教的負面宣傳仍相當深入人心。有一位朝鮮族的朋友雖然因為個人經驗對中國政府相當反感，甚至想要移民外國，但只要一談到宗教，他的態度就大轉彎，跟中國政府站同一陣線，認為宗教是蠱惑人心的毒藥，相當不以為然。

然而，一位在美國長大的朝鮮族朋友，則對基督教有相對開放的態度，認為基督教就是世界上各種宗教的其中一種罷了，沒有當地人所認為的不良。另外，在前往延邊之前，我已經採訪過幾位在南韓讀書的朝鮮族，而其中一位受訪人安小姐就是延邊的基督教信徒。當時，她也跟我分享了自己跟基督教的淵源，讓我知道延邊有一所私立大學，相當特別。

延邊大學科學技術學院，簡稱延邊科大。

「我大學讀的是一所有宣教背景的學校，這間學校原本的名稱是『高麗大學』（這裡指的並非南韓首爾的高麗大學），但後來因為政治正確的原因，政府要求學校配合，而後學校改名為『延邊大學科學技術學院』，簡稱延邊科大。這間學校的經費大部分來自世界各地基督教徒的捐款，主要是幫助失學的朝鮮族，讓他們可以學到一技之長，未來出社會之後，可以自給自足。」一安小姐帶著些許驕傲地描述她的母校，也進一步表示，她因為受到基督教的照顧，所以未來也希望以這樣的方式幫助他人，回饋社會。

感動北韓政權的校長

當時在連小姐的教會中，幾位訪談者都是這間延邊科大的畢業生，而這間以延邊為名的學校

延邊科大內的教室。

其實是間私立大學，跟一般由大陸政府主辦的大學不同。這間私人學校是由一位名為金鎮慶的韓裔美籍人所創辦，金鎮慶先生在九〇年代不斷募資購買大米及牛隻等物品進入北韓，甚至還在當地設置牧場，希望可以幫助北韓窮苦的民眾。

但因為這些資金都是來自美韓兩國的基督教相關團體，所以金鎮慶被北韓政府懷疑是美韓的間諜，遭到囚禁四十多天。金鎮慶在他的個人傳記中也提及，當時他都已經寫完遺書準備受死了，但不知什麼原因，北韓當時的領袖金正日釋放了他。甚至在他回到延邊幾年後，還被邀請到平壤設立跟延邊科大一樣的國際學校（平壤科技大學），讓他成為世界上第一位進入平壤辦學的外籍人士。

南韓基督教的祕密行動

在南韓有不少基督教相關團體，除了一般的宣教性質外，也有部分人士深入北韓幫助脫北者，又或者是在延邊地區以各種不同方式幫助同胞（脫北者及朝鮮族）。但在中國或北韓這種對宗教有限制的國家來說，進行類似的活動，都有相當程度的危險。

一位畢業於延邊大學，並說得一口好中文與韓文的英國人丹尼曾跟我說，他在延邊工作時，一位南韓教會人士曾幫他買機票到南韓，要他在南韓的時候到一個指定地點研讀「特殊讀物」，並且希望丹尼回到延邊幫助他做事。丹尼雖然答應並且前往南韓，但後來還是因為害怕惹禍上身，放棄了這個機會。

在延邊這座邊境城市中，除了政府認可的三自教會，其他教會的存在都趨於低調，一般當地的朝鮮族對教會也是興趣缺缺。但是在朝鮮半島的南韓則有完全不一樣的光景，而在北韓，則又是另一個故事了。

1 三自教會或三自愛國教會，泛指中國政府所認可的「自治、自養、自傳」的教會。自治就是獨立於國外宗教團體（羅馬天主教會或東正教會等）；自養為獨立於國外政府財團資助；自傳表示為由本國傳道人來傳教及解釋教義。也就是說，三自教會就是受中國政府管控的宗教組織。

延邊科大校園風景。

接收韓流的第一手資訊：做不一樣的 K-POP

「好！大家擺個自己最喜歡的動作，誇張一點沒關係！」八、九位延邊大學街舞社的學生，按照李海林的指示，擺出了自己最中意的姿勢，為這段帥氣十足的舞蹈畫下句點。擁有一雙炯炯有神大眼睛的朝鮮族舞者李海林，是延邊知名舞團「Gorilla」的隊長。已經跳舞超過十年的他，在大大小小的比賽中拿過獎，甚至還受邀到南韓，在知名藝人姜鎬童（강호동）主持的綜藝節目中演出，在延邊算是相當有名氣，因此他們的團體在當地還有「延邊 Big Bang」的稱號。

李海林與延邊大學的舞蹈社學生。

參加南韓綜藝節目的「Gorilla」隊長李海林。

韓流襲擊延邊

在採訪李海林之前，他帶我繞了一圈參觀他們一手打造的練舞場所。座落在延吉市相對繁華的一間複合式大樓內，這裡是他在幾年前小有名氣時，被請來當老師的才藝補習班。上樓梯時還可以隱約聞到明太魚（韓式魚乾）的味道，樓梯間的電燈因為年久失修導致光線不佳，樓梯角落也不時可以看到煙蒂與少許垃圾，跟一般想像中「韓流」舞蹈訓練中心，有些許出入。

四樓是教導音樂或歌唱的補習班，五、六樓就是李海林跟他的學生及夥伴每天揮灑汗水的練舞場地。雖然與南韓的經紀公司規模相比仍有一段差距，但該有的裝備一件也沒少。李海林說，雖然延邊有不少教導街舞的練舞教室，但是並沒有一個比較大型的室內表演場地，因此他跟補習班的老闆商量過後，投入自己全部的積蓄，並且一個人花了一個多月的時間，拿著工具、每天靠著自己的雙手，一點一滴將原本全部都是隔間的教室拆掉，重新粉刷，就是希望打造出延邊第一間基本規模的表演場地。

朝鮮族的堅持：「街舞不只是追流行」

採訪李海林時，從他的言談表情中，可以清楚地感受到他對街舞的熱情。從剛開始跳舞幾年，並且在延邊漸漸出名之後，他最驕傲的一次經驗就是去到湖北表演，「其實在中國會跳街舞的又不是只有朝鮮族，所以要跟北京、上海的團隊比，我們相當緊張。但我們那時候就發明了一個『民街舞』的東西，我們穿著朝鮮族傳統服飾，並且在街舞中也加入朝鮮族的元素上台表演，才受到大家的喜愛。」他靦腆地笑了笑說，「後來央視又找我們去上《出彩中國人》，只是後來沒有播出。」

穿朝鮮傳統服飾跳街舞。

因為在中國只要提到朝鮮族，很多人都會直接聯想他們是一個「能歌善舞」的民族，所以我也問他，「就像你說的，全中國會跳街舞或流行音樂的人很多，朝鮮族有什麼特別的地方呢？」他想了想回答我說：「我覺得跟中國其他地區比起來，延邊最大的優勢，就是我們可以接到從南韓來的第一手資訊，最新、最快。所以我們的舞步或是街舞的相關資訊，更新速度比其他地區來得快。」李海林臉上帶著些許驕傲的表情跟我說，「但是我們朝鮮族太愛玩了，所以有時候練舞都不認真，滿可惜的。」

而話鋒一轉，李海林繼續說，「雖然最近滿多人開始想要學 K-POP 跳舞，不過很多人都是一頭熱，並不知道街舞是什麼。但我之前有一個才十二歲的學生，他就相當單純，我要他回家練幾個小時他就練，非常認真。然後最近他贏了兩場大比賽的冠軍，其中一場還是成人組的比賽。他把獎拿回來後，大家都嚇傻了。當然身為老師的我，看見學生這麼爭氣，就感覺到我的付出有了回報，相當開心。」

「現在學街舞的朝鮮族都想要到南韓，加入經紀公司當練習生，想要成為韓流的一份子。」李海林笑了一下繼續說：「雖然也有南韓公司找我去加入團體，但我還是想要留在這裡，因為這裡才是養育我的地方。我也想在這裡教導新一代的小朋友什麼是街舞，而不只是追流行，應該要全面地學習，讓延邊的街舞有點規模。」而有這樣想法的人不只李海林一個。

朝鮮族李海林一步一腳印打造的練舞教室。

打造延邊流行產業

穿著入時的朝鮮族李震宇在言談之間，流露出他的野心以及對延邊的期許。跟李海林一樣，他為了打造延邊流行產業體系的基礎，將自己所有的積蓄全部投在即將開幕的JN舞蹈教室中。他認為延邊雖然有不少人學街舞，但是大家都沒有一個專業的學習系統，所以他才決定離開已經從事六年的貿易商業中，回到延吉這個地方。並且也網羅幾位曾到南韓幫李孝利、Rain等大明星伴過舞的舞者，希望跟志同道合的朋友們一起好好整頓延邊街舞界。

「我在外面做貿易一段時間之後，發現還是在跳舞的時候最開心。」李震宇笑了一笑接著說，「而且我也看到了一些商機，現在在延邊雖然有不少舞蹈教室，但都還沒有一個是很有規模的體系。再加上政府正式將舞蹈納入考試加分項目，所以一定會有更多人來學習街舞，對我來說，是跳進來的最好時機。」

根據幾位朝鮮族舞者受訪時表示，這十幾年來延邊街舞最受到詬病，除了大家都認為學街舞就是不良少年之外，專業舞者的收入也相當微薄。Gorilla的李海林受訪時跟我說，幾年前在他剛回延邊跳舞的時候，幫商家開幕表演，一次一個人才一、兩百，五、六個人一起的話大概只有五百。一個月也沒有幾次演出的機會，根本無法生存。也就是因為這樣，在延邊跳舞的人通常都是大學的舞蹈社，或是白天一份工作，晚上跳舞的夜貓族，相當辛苦。

「只跳舞無法維生！」

絢爛繽紛的雷射光加上不斷噴出的乾冰，舞台上幾位舞者身上穿著八〇年代、韓流第一代街舞始祖H.O.T的服裝，整齊地擺動身軀，帥氣的模樣讓台下客人目不轉睛。這是延吉的一間酒吧，但跟一般喝酒場所不同的是，這裡每天都有勁歌熱舞的現場演出。而朝鮮族金輝跟他的女朋友就是這裡的表演者，白天在法院當法警的他，晚上就穿上絢麗的舞衣，跟同伴們一起享受群眾喝彩。

「其實這只是我的副業，我並沒有想要以跳舞維生，我只是有興趣，喜歡跳舞罷了。」金輝抓抓頭，靦腆地說，與在舞台上魅力四射的他判若兩人。金輝表示，他在大約一年前，因為跳舞的前輩要組隊，所以找他一起到這裡來跳舞。雖然很開心，但是他自己知道，不能只以跳舞做為職業。

延邊雖然是接收南韓第一手流行資訊的地區，但是流行娛樂產業並沒有像南韓一樣有完整的練習生制度，也不常會有大廠商需要舞蹈團體表演。所以對這些抱有演藝夢想的小夥子們來說，要當一位專業舞者，相當困難。此外，想要從這個環境條件與設備都不完善的地方，跳到南韓的演藝圈，更是有著重重的難關需要克服。

並肩作戰的血盟關係：聽話的少數民族

「來！來！來！大家乾一杯！」韓國K-POP的音樂將小酒館炒得火熱，半開放包廂的桌上擺滿了明太魚和延邊特產的「冰川九度」啤酒，瓜子殼散落在桌邊與煙灰缸旁，桌面上還有幾包「長白山」香菸。席間互相調侃打屁，場面相當熱鬧。酒過三巡之後，大家談論的話題漸漸從玩笑打鬧，轉移到了嚴肅的政治議題。

在台灣出生長大的我，對於少數民族在中國所受到的對待，以新疆及西藏地區的情況印象最深。比如漢人對當地文化的蠶食鯨吞，以及青藏鐵路讓軍隊運輸更便利，還有大量漢人計畫性地移民，改變了當地風土民情的樣貌。因此在既定印象中，我認為中共對少數民族都不懷好意，且雙方是對立、衝突的（例如東突厥斯坦問題及藏獨運動）。但是來到這個跟北韓相鄰的朝鮮族自治區，卻有了相當不一樣的感覺。觀察這次的受訪對象後發現，幾乎所有朝鮮族人民對於中共政權都給予正面的肯定，只有少數民眾感受到政府對他們的壓迫，或者說，只有深受其害的個案才有所抱怨。

朝鮮族的國家認同：哪裡是祖國？

朝鮮族人普遍喜愛喝酒、享受熱鬧的氣氛，所以在延邊採訪時，幾乎每個晚上都在不同的酒吧度過。但由於大多是去當地人開的酒吧，很難聽到不一樣的聲音，所以後來為了要採訪在延邊的外國人，特地到一間由南韓人經營的酒吧，聽聽一些外來者對於延邊的看法。

席間除了幾位朝鮮族朋友之外，還有兩位外國留學生，他們的中文及朝語（韓語）都相當標準。在問完一些不敏感的問題後，我提出了一個假設性問題，想知道朝鮮族朋友們的反應：「如果現在兩韓統一了，這個統一的韓國希望朝鮮族回歸『祖國』，你們會想回去嗎？」其中一位朋友馬上給了一個相當大的反應：「不可能！我是中國人，這裡才是我的家，為什麼要過去那邊？」經過這幾天在延邊一連串的採訪之後，對於這樣的答案我一點也不驚訝。

但就在我們要結束這個話題時，旁邊一位剛加入對話、在中國演藝界小有名氣的朝鮮族桂大哥爆出一句話：「那些該死的共產黨！我恨透他們了！」感到驚訝的我內心冒出了OS：「終於讓我遇到有不同意見的人了！」而後來與桂大哥深聊之後，才發現他反對中國政府的主要原因，其實來自社會制度以及內部資源不平等的問題，跟朝鮮族在當地所受的對待並沒有直接關係。甚至桂大哥也向我強調過，他反對的是共產黨政府，而不是中國這個國家。

朝鮮族青年。

「最聽話」的少數民族自治州

為什麼朝鮮族自治州不像新疆或西藏等少數民族自治區一樣，受到中國政權的壓迫？或許，是因為延邊朝鮮族自治州是全中國三十個少數民族自治州中「最聽話」的地區。

為什麼這麼說呢？延邊朝鮮族自治州在一九九四年首次被授予「全國民族團結進步模範自治州」殊榮後，截至二〇一五年總共拿了五次。一位在延邊科大教學的漢族教授曾跟我說，會讓朝鮮族「很乖」的原因，最主要是韓戰時期北韓跟中國並肩作戰，血濃於水的血盟關係，讓中共政府不但不擔心朝鮮族會有二心，而且還讓朝鮮族人任職自治州政府的州長，在中國的少數民族裡，待遇算是還過得去。

但事情真的這麼單純嗎？其實從一些數字上的變化，可以看出中共政府在淡化朝鮮族自治州的特殊性，將其偷偷「漢化」。有位朝鮮族朋友在閒聊中，曾向我透露出他的憂慮。「雖然這裡是朝鮮族自治州，但是在這裡掌握經濟、政治大權的都還是漢族，朝鮮族沒有什麼實質的權力，自治州只是個好聽的稱呼罷了。」

在延邊的朝鮮族人口一直不斷地向外移動，除了前往使用相同語言的南韓之外，也有很多人到其他省份工作，使得朝鮮族的人口成長速度越來越緩慢。根據自治州政府統計，從一九五三年到二〇〇〇年，朝鮮族人口從七十五萬增至一百一十四萬，但漢族從原本的一千多萬成長到兩千四百多萬，相較之下，朝鮮族人口僅增加了百分之六十五，而漢族則劇烈成長了百分之二百四十，幾乎是朝鮮族人口成長速度的三倍。在最近一次二〇一〇年的全國人口普查中，朝鮮族甚至只有七十三萬人，佔自治州百分之三十二的人口數，漢族則佔了高達百分之六十四。這樣的狀況，讓不少朝鮮族對延邊這個「朝鮮族自治區」的稱號，越來越感到心虛。

朝鮮族自治州「韓化」與「漢化」的拉扯

雖然在延邊的街上，看到的都是韓文招牌與南韓流行音樂，表面上相當「韓化」，若沒有深入了解，一般人會以為這裡的朝鮮族相當哈韓，但事實並非如此。大多數的朝鮮族除了不像藏人、疆人一樣排斥中國政府之外，甚至年輕一輩對於「祖國」的認同已經從父爺輩的朝鮮半島轉變成中國。朝鮮族的國族認同在這幾年來，是如何有這樣的轉變呢？

延邊朝鮮族自治州的朝鮮族越來越少，漢族越來越多。

相較鄰居北韓人民悲慘的生活，早期在延邊的朝鮮族擁有較高生活水準，因此也有著相對的優越感。後來在一九九二年南韓與中華人民共和國建交後，大量朝鮮族人開始合法前往南韓打工賺錢。而由於當時中國處於改革開放初期，多數地區發展程度仍較低，邊境城市延邊也不例外，因此對於當時在南韓工作的朝鮮族來說，大多非常嚮往南韓這個繁榮的國家，自然對移民或「認祖歸宗」有比較高的認同。

但是新一輩年輕的朝鮮族（一九九二年後出生），由於在外工作的父母寄錢回家、開始享受到經濟改革開放的甜美果實，再加上與長輩想像中的「祖國」（朝鮮半島）漸漸失去情感上的聯繫，以及南韓民眾普遍歧視朝鮮族，導致他們儘管到了南韓工作或讀書，都傾向想要「回」中國，在所謂「祖國」的認同上漸漸偏向中國。

在二〇〇五年，一位南韓議員曾經發表言論，希望延邊朝鮮族自治區的「同胞」發起公投加入南韓，這使得當時中國與南韓之間產生了一連串的齟齬。中國政府害怕這樣的星星之火會煽起延邊朝鮮族併入南韓的欲望，隨即威脅取消延邊自治區的特殊地位，並且提出各種證據和說法，表示「延邊是屬於中國神聖不可分割的領土」。

其實這樣的爭論不只在近代的中國。二次大戰剛結束時，原本在東北的金日成就曾經要求蘇聯，將延邊和長白山地區劃為北韓領地。但當時蔣介石隨即派出使團到蘇聯，駁斥這項領土要求，甚至公開表示，希望當地的朝鮮族全部回到朝鮮半島、在中國領土內不要有朝鮮族。當然，最後金日成的領土要求，還是無疾而終。

愛國詩人尹東柱是中國人還是朝鮮人？

除了上述近代民族認同複雜的情感因素之外，還有歷史上的糾結。延邊的龍井市，有一間相當知名的博物館「尹東柱紀念館」，為的是紀念一位家鄉在朝鮮半島咸鏡北

延吉市內讓遊客觀光的朝鮮族民俗村。

在中國的朝鮮族對於自我的認同在不同世代有不同解讀。

道的愛國詩人尹東柱，他的詩詞影響了後代許多人（南北韓及中國朝鮮族）的思想。在日據時期，他因為參加地下抗日活動被日本逮捕，年僅二十九歲就在日本福岡遭到處死。

尹東柱去世時，雖然國籍為日本，但他自認為是朝鮮人，並且表示他的抗日行動就是為了要建立朝鮮半島上獨立自主的「朝鮮國」。然而，中國目前卻將他認定為中國人，而非尹東柱所認同、但不存在的「朝鮮國」，因此引來了相當多的爭議。

根據我在延邊及南韓的觀察，雖然大多數朝鮮人的國家認同偏向中國，但是並不代表他們沒有反思自己民族地位的特殊性。另外，各種外部局勢的轉變也不斷在拉扯這個民族的自我認同。比如南韓人民普遍因為負面的刻板印象歧視朝鮮族，導致新一輩的朝鮮族也對南韓產生反感；另外，漢人在延邊蠶食鯨吞自治州的特殊性，也讓朝鮮族有苦難言。另外更糟的是，北韓與中國的關係時好時壞，或許在不久之後的將來，可能使得原生家族大多來自北韓的朝鮮族會需要面對「兩個祖國對立」、自己成了夾心餅乾的尷尬局面。

Ch 6

「韓國華僑」

飄泊在歷史洪流裡的無根民族

韓國華僑大多都是因為二十世紀時中國大戰亂（軍閥戰爭、國共內戰等）而離鄉背井來到他鄉居住，經歷了韓戰時期逃難、朴正熙的反華僑政策、一九九二年台韓斷交的徬徨期，一直熬到一九九八年因為發生金融危機，韓國政府才改變態度歡迎華僑。在這個大時代的洪流中造就了不少家族的更迭，有的人移民台灣、美國等地尋找新生活，但也有很多人選擇繼續留在韓國打拚……

無戶籍護照＝沒有國家的人

位在台北市民生社區的一家餃子館門口，表情愉悅的客人用手摸摸自己的肚子，感覺甚是滿足。進門後看見餐桌上擺的都是傳統外省料理，但仔細一看，赫然發現韓國炸醬麵以及豆腐鍋、泡菜鍋等也在其中。原來，這家店的主人是一位來自韓國的華僑林大哥。

身材精壯，說話帶有山東腔調的林大哥，在接受採訪時不斷以手勢比劃他口中描述的畫面，非常熱心地想讓我知道他的故事。林大哥說，他們家族最早在韓戰爆發前幾年移民韓國，而林大哥的胞兄是在韓戰爆發後兩年出生，當時全家都在朝鮮半島上帶著襁褓中的嬰兒，四處逃難。

其實從大陸遷入朝鮮半島的華僑，

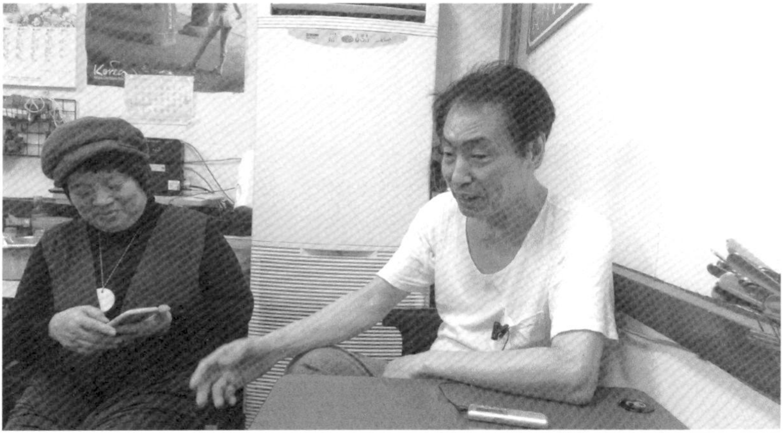

右為韓國華僑林大哥。

大部分都是因為躲避戰亂，才會搬離自己的故鄉。在近代遷入朝鮮半島的華僑，可以分成幾個時期，最早是民國推翻清朝後，各方軍閥、國民黨及共產黨等勢力之間的內戰，讓大陸民不聊生。不少原本居住在東北的華人，為了躲避戰亂，一批一批地逃至韓國，開始新生活。另外，還有一批是國共內戰後，為了逃避受到中共整肅而前往韓國的華人，以及一九五〇年，中共派兵至朝鮮半島打韓戰的志願軍，在韓戰中被俘虜，最後戰爭結束選擇留在韓國的華人。

這些全部都可以被稱作近代韓國的華僑，也就是我們現在所說的「韓華」。另外，無論是美國或是東南亞，大部分的華僑都是福建廣東等地的移民，只有在韓國的華僑因為地緣關係，大多都是從山東移居的，因此韓國華僑的中文通常都有濃濃的中國北方腔調。

林大哥是在一九七七年來到台灣，在國立台灣大學讀完書後跑到日本工作五年，之後在中國、韓國跟台灣之間來回跑單幫賺錢。奔波了幾年遇到大嫂後，就將民生社區的泡沫紅茶店面頂下來，改建成餐館，一做，幾十年就過去了。當時我問了林大哥，為什麼要從韓國來台灣生活呢？韓國不好嗎？

無所不用其極的排華政策

「你知道嗎？我們那時候都是來台灣賺錢到韓國花，那時候的台灣比韓國好多啦！」林大哥手在空中比劃，讓我彷彿回到七〇年代台灣錢淹腳目的景象，感受貴為亞洲四小龍頭的台灣榮景。「那當時大哥的家族在韓國的生活如何呢？」林大哥笑了一下回答我說：「其實我們家在那裡過得還不錯，甚至還有很多土地，但最後都被朋友騙走了。而且我們的身分是華僑，要跟政府機關爭取公道什麼的，並不容易。」聽了林大哥的經歷後我也答覆說：「對啊！我也聽說韓國政府從六〇年代朴正熙執政後就對華僑相當不友善，所以是真的囉？」

「雖然大家都說朴正熙對華僑很苛刻，但其實是可以理解的啦。」林大哥語重心長地說：「因為華人在不少地方都掌有當地的經濟大權，印尼、泰國等等都是這樣，韓國人當然會怕你，所以朴正熙才會限制我們韓華的發展。」

當時的韓國總統朴正熙為了不讓在國內的華僑跟其他地方的華僑一樣，靠經商致富後掌握韓國的資源，因此頒佈了一系列限制韓華的「不歡迎華僑政策」。例如，韓華夫妻只能擁有一棟建築，擁有的土地不可以超過一定坪數，要在銀行開戶必須經過比韓國人還要多的審查，貸款更不用說，是難上加難。另外，韓華小孩甚至不能進入國民學校讀書，只可以在韓華自己辦理的華僑學校讀書，就連嫁給韓華的韓國人都必須放棄國籍，與自己的另一半一起面對社會排山倒海的歧視。

而政府對華僑無所不用其極的限制，就是希望他們知難而退，離開韓國。一位韓國朋友曾跟我說，就算韓國人很討厭朴正熙的專制，但都認同他對華僑的政策，認為他成功地排除華人勢力在韓國的發展，保護了韓國人的利益。

「那這樣沒有很多韓華想要離開嗎？」林大哥看了我一眼笑笑地說：「是啊！所以很多人都離開了，有的人去美國、加拿大，有的人就去台灣。我那時候在漢城華僑小學讀書的同學們，很多也都離開了。」話鋒一轉，林大哥繼續說：「但現在就不一樣了，前幾年才過來的華僑，現在都後悔了。因為現在韓國（經濟）起來了嘛！也開始有一些人試圖想回到韓國工作了。」我們當晚暢聊了幾個小時，林大哥也跟我說了不少韓華在台灣發展的狀況，讓我對韓國的認識打開了新的一扇窗。

韓國華僑劉大哥安身立命的韓國料理店。

「我們從來不被當作國民」

在忠孝東路不起眼的巷子裡，一家韓國料理店的招牌出現在眼前，我照著林大哥給的地址按圖索驥，找到了另外一位來台生活多年的韓國華僑劉大哥安身立命的餐廳。踏入已經打烊的店內，劉大哥馬上熱情地招待：「要不要喝點什麼呢？」我客氣地回覆：「喔！不用了，喝水就可以了！」但沒想到大哥熱情地開玩笑說：「我們這裡沒有水喔，只有飲料！」隨即拿來了一瓶可樂讓我解渴。

閒聊了一下子後，我們就開始進入正題，劉大哥也慢慢地道出他的家族在韓國和台灣的故事。「我的家族應該在二戰前就從山東到韓國，爺爺十四歲時，就一個人到韓國仁川討生活。」我驚訝地問：「十四歲不是才國中嗎？」「對啊！但是那時候大陸到處都是戰亂，到韓國還比較穩定，至少可以安安穩穩過生活。」

劉大哥繼續說：「但到了我這一代，因為韓華長期受到歧視，所以會想要離開。」劉大哥特別跟我說自己家族的經驗：「早期韓國華僑通常不會把錢存在銀行裡，因為沒有帳戶可以存，所以我們都存在韓華組織的私人金融機構。但有一次，仁川最大的韓華金融機構倒閉了，存錢進去的韓華全部在一夕之間變成窮光蛋，那一次真的影響我們家裡非常大，很慘。」

「其實最主要是因為你在那邊（韓國）是不會被當作國民看的，你就只是一個華僑而已。」劉大哥邊笑邊說：「我在韓國讀書的時候，那邊的韓國人都會叫我們『짱깨』（醬狗），字面上就是諷刺華僑經營中華料理店時，身上沾染的味道，其實就是歧視你的語言。所以那時候我們韓華都會一起跟韓國學生打架，韓華在那邊都還是很團結的。」

韓國華僑除了對韓國的壓迫相當團結之外，對自己的「祖國」中華民國政府的不平等對待也不遑多讓。其實一直在二〇一五年八月之前，韓國華僑進入台灣，都還是要像外國人一樣申請簽證才可以進入，所以讓他們相當反彈。

「我們是沒有國家的人，不被任何地方承認」

「我弟弟現在拿的就是無戶籍護照，他來台灣每次都只能待三個月，每三個月就要出國一趟，根本不是國民的待遇。」跟劉大哥聊著聊著，就談到台灣對韓華態度的議題。

華僑在韓國的身分一般都只有在韓外國人的身分，因此所持有的身分證件都是居留證。而這樣的居留證分成五級，由F1到F5等五級。[1]雖然現在韓國政府對華僑的態度有漸漸轉變，但還是不會給予正式的國民身分。沒有身分證的韓華拿的是中華民國的護照，但弔詭的是，這本護照跟我們一般人的護照不一樣，是無戶籍護照。[2]

每個國家的護照和戶籍制度都有所不同，而台灣和韓國特殊的護照及戶籍制度，造成了無戶籍護照的出現。從民國推翻清朝後，大量華人移居韓國，並將戶籍設在韓國，並不是中華民國境內，但是身分卻是中華民國公民。而這樣的制度一直到了今天仍然存在，所以才會出現一本護照兩種身分的特殊性。

「一國國民，兩種待遇！平等護照，抗爭到底！」在二〇一四年七月，全韓國各地的華僑代表聚集到首爾鐘路區的台北代表處門口抗議。從Youtube的影片中可以看到，每位前往抗議的華僑很有秩序地呼喊著口號，就是希望辦事處的人員可以聽到他們的心聲，將他們的意見轉達給台灣政府，改變這種次等公民待遇。

在經過一連串的申訴、請願跟抗議之後，台灣政府終於在二〇一五年八月，改變韓國華僑必須申請簽證的規定，讓他們可以像一般台灣公民一樣，自由進出國土。但是，一本護照兩種身分的狀況仍然存在。因為韓華領的無戶籍護照，在前往給予我國免簽證待遇國家時，卻沒有同樣的待遇，也就是說，他們仍然需要申請該國家簽證，沒有一般國民擁有的福利。

「我們韓華常常會開玩笑地說，我們是沒有國家的人。」劉大哥苦笑說：「在那裡的時候，沒有人承認你。你不屬於中國大陸、不屬於台灣，也更不屬於韓國。」聽著劉大哥無奈的口氣，心中有點不忍。我繼續問道：「那經過這麼多的歷練，現在已經在台灣結婚生子，事業也慢慢穩定，你現在覺得自己是什麼人呢？」

劉大哥笑了笑回答我：「其實我在那裡從來沒有認為自己是韓國人，我就是一個華僑。但我在台灣這麼久了，也有身分證了，我現在認為我是一個台灣人。」無獨有偶的，之前林大哥也跟我講過類似的話，他也不曾覺得自己是韓國人，而現在來到台灣打拚這麼久，終於可以安身立命，才讓他有了國家的歸屬感。

1 韓國政府給予華僑或是移居至韓國的朝鮮族的居留證，都是以F做為開頭，等級依照允許工作或居留時間共分成五級。

2 韓國政府在二〇一〇年修改國籍法，允許「高科技人才等特定人士」擁有雙重國籍，但一般民眾仍無法擁有雙重國籍。

韓國首爾明洞附近的國民黨黨部遺址。

且戰且走的韓國華僑學校

冷冽的寒風陣陣打在臉上，在韓國的第一大港口城市釜山廣域市的東區，剛好在釜山車站的正對面，一座大型中國式的紅色牌坊映入眼簾，走進去後各式各樣的中華料理店林立——這裡是韓國釜山的唐人街。很特別的是，在唐人街旁邊就是許多俄國移民聚集的地方，讓人走在這個區域，會有自己不在韓國的錯覺。

韓國華僑在韓國的數量從最早國共內戰結束後，移民大約十萬人，因為受到韓國政府在不同時期的打壓，許多華僑移民至第三國或是台灣，現在只剩下大約一萬八千多人。因為韓國政府基本上不允許公民擁有雙重國籍，大部分華僑持有的是中華民國的無戶籍護照，並且從小就讀在韓國各地的華僑學校，學習ㄅㄆㄇ注音符號和台灣式的教育，所以大部分的韓國華僑對於中華民國有很強的向心力。

學ㄅㄆㄇ的韓國華僑

「來吧，看你想知道些什麼，一起進來辦公室喝杯熱茶聊聊天。」韓國釜山中學的校長高吉慶熱情地邀我進入他的校長室。在高校長準備泡茶的同時，我發現校長室除了校長桌前擺了一塊韓式名牌之外，其他跟台灣一般國高中的校長室擺設並沒有太

韓國釜山中學的校長高吉慶，辦公桌上擺有新北市副市長侯友宜致贈的盆栽。

大的不同。高校長一邊喝著高山茶一邊跟我簡介學校的歷史：「我們這間學校已經六十幾年了，最早是在一九五一年韓戰時期，漢城跟仁川等華僑學生一起逃命到釜山之後，我們的大使認為就算是戰時也不能不讀書，所以就在這個原本是領事館的地方建起了臨時學校，也就是我們這間學校最開始的雛形。」

雖然釜山中學是在韓戰後建立，但在韓國全境，華僑學校已經存在超過一百年的歷史。朝鮮半島第一間華僑學校是一九〇二年清朝時期設立的「仁川華僑小學」，而一九〇九年在當時的漢城也成立了「漢城華僑小學」，在釜山中學隔壁的釜山華僑小學則是在一九一二年成立。華

華僑學校的課表與台灣學生的課表並無太大差異。

僑學校（包含中小學）全盛時期在韓國總共超過百間，但現在中學校只剩下首爾、仁川、釜山跟大邱等四個大城市尚存，學生人數也在日漸減少當中，狀況並不樂觀。

韓國的華僑在經過前總統朴正熙推動「不歡迎華僑政策」後，漸漸地離開韓國到其他地方發展，因此各地的華僑學校也開始因為招不到學生而一間間關閉。雖然華僑學校在七〇年代被韓國政府納入合法的教育體系之中，但還是無法改變華僑在韓國受歧視的狀況。而在一九九八年遇到亞洲金融危機時，為了吸引外資進入韓國，特別將原本屬於外國人團體的華僑學校，改成一般學校的制度，讓華僑學校日漸艱難的環境有了些許起色。當天在採訪高校長時，他也跟我說明了最近華僑學校招生困難，以及台灣僑委會經費資助杯水車薪的狀況。

「雖然現在在韓國的華僑人數越來越少，但是從大陸來韓國定居的人漸漸增加，他們會來這邊讀書嗎？」

高校長笑了笑跟我說：「會啊，我們學校就有大約百分之三十的學生是大陸來的新華僑後代。」

「那他們來這裡會跟老華僑（中華民國政府管轄的華僑）的後代起衝突嗎？怎麼說這裡的學校跟他們的體系還是很不同，他們會不習慣嗎？」

高校長慢慢地喝了口茶跟我說：「不會啦，其實他們都只是來這邊讀書而已，不會有什麼特殊的政治立場。他們每天也是跟我們一起看著青天白日旗升旗，唱國歌啊。」

位於釜山東區的釜山華僑協會。

日漸消逝的台灣老華僑與崛起的大陸新華僑

一般在韓國的華僑是屬於台灣政府管轄，拿的是中華民國護照，一般都自稱為老華僑；但是在一九九二年兩國斷交之後，大陸人開始進入韓國，並且也有不少人開始在韓國定居、有了下一代（或是全家一起移居），他們就是新進入韓國的新華僑。而在韓國與大陸的貿易往來日漸頻繁之後，老華僑的人數漸漸減少，但新華僑的人數卻不斷上升，在此消彼長的狀況下，也影響到由台灣政府管理的華僑學校的生態。

「其實這些新華僑的學生滿可憐的，第一他們才剛來不久，韓文講得不像老華僑一樣溜。另外，他們來我們這裡學了台式教育，要回去考他們的聯考很困難，台灣政府又要求他們必須在韓國待滿六年，才可以到台灣以華僑的身分考台灣的大學，這個不行、那個不行，根本沒有他們生存的空間。」高校長語重心長地說：「在我們學校的新華僑學生在未來一定會越來越多，我相信再十年左右，大陸政府就會在這裡設立自己的華僑學校，到時候原本在我們學校的新華僑學生一定都會跑過去，我們學校就會更難生存了。」

其實台灣跟韓國在一九九二年斷交之後，除了外交大使館及領事館直接被中國接收之外，中國仍然會以各種方式來影響台灣在這裡的生存空間。幾位華僑都在受訪時跟我說，中國一直希望提供華僑學校免費的教師，除了希望幫助學校教師不足的狀況外，也是變相統戰的一個手段。一位僑界領袖也向我坦承，首爾的學校已經有聘用少數中國提供的免費教師，但也刻意將他們安排在非公民教育等理科的課程中，盡量不讓他們影響到學生的思想。

「韓國人真的很怕大陸政府，記得有一次我們學校後面的水溝被隔壁的韓國人擴建影響到了，那時候的校長過去跟他們好言相勸都沒有用，但大陸的政府官員在一次華僑的聚會上聽到我們的問題後，隔天馬上派人來跟我們的鄰居表示『若不儘快改善這樣的狀況，我們會以中國的官方管道施壓韓國政府，讓你們難看。』結果他們過不久馬上就施工將違建的地方拆除了。」

高校長帶著苦笑地說：「但是相反的，台灣方面因為在韓國沒有正式邦交很難施力，對我們的幫助相對較少。」其實高校長跟我都曉得中國政府友善舉動背後的意涵，但因為形勢比人強，在海外孤立無援的華僑學校也只能接受（總不能去叫鄰居不准將違建拆除吧）。另外，再加上韓國華僑因為在台灣沒有戶籍所以沒有投票權，台灣民意單位對他們的陳情，也就沒有相當積極的處理了。

韓國的中文熱也無法解決華僑學校的困境

最近在韓國掀起了一股學習中文的熱潮，再加上中韓ＦＴＡ通過後，兩國之間的貿易量大幅增加，市場上有中文能力的員工需求量爆增，讓韓國人開始對學習中文產生興趣。而學中文除了進入中文補習班或是到大陸、台灣留學之外，進入華僑學校讀書也變成其中一種途徑。

對於經濟拮据的華僑學校來說，相當樂見這樣的狀況，以各種方法讓韓國人進入學校就讀。但韓國人在法律上是不允許就讀外國學校的，因此當韓國政府發現這樣的狀況後，在二〇一〇年開始嚴格取締這種情形，讓原本見到一線生機的僑校也只能遵守規定，排除了韓國人入校的可能。

韓國華僑學校從最早清朝末年開設後一直到今天，經歷了不少風風雨雨，日本殖民、韓戰再加上與台灣斷交等各種風浪，到現在仍然屹立不搖。而經過時光洗禮、韓國政府對華僑態度的改變，華僑學校仍然是韓華的根基。

一位資深的華僑曾跟我說，在韓國，沒有華僑學校就不會有華僑協會。也就是說，若某一天韓國華僑學校真的如前文高校長所預言被「併吞」，或無法經營而撤校的話，想必在韓國的華僑也將被時代的大潮流給吞沒。我想，這應該不會是台灣政府及社會所樂見的。

位於仁川的孔子像。

韓國華僑：我們是次等國民嗎？

韓國華僑與一般東南亞或是其他地區的華人（台灣政府稱華僑）最大不同，就是他們仍然保有中華民國國籍。也就是說，他們在韓國是以「外國人居留」的方式居住，對他們來說，保有國籍是一種榮耀。

在我前往韓國之前，除了採訪在台灣的韓國華僑之外，也盡可能從各方面來了解韓國華僑的現在與過去。其中，這幾年比較顯著的議題，就是韓國華僑手中的中華民國無戶籍護照事件。[1]

全韓國的華僑在二〇一四年到台灣駐韓辦事處抗議，讓事件登上新聞版面（華僑在韓國很少出事上新聞），連中國的新聞媒體也積極報導，但台灣方面卻一片靜悄悄，令人不禁懷疑，台灣政府到底有沒有將韓國華僑看成是自己的國民。

另外，有不少朋友在得知我要前往韓國採訪華僑時，都對「華僑」這兩個字的界定感到疑惑，甚至還有朋友問我：「那大陸人也是華僑嗎？」[2]另外，也有不少人好奇，韓國華僑跟早期移居到韓國後被韓化的中國移民相比，他們也是韓華嗎？要怎麼分別呢？這些問題在我到達韓國，並且跟多位華僑領袖訪談之後，也都一一獲得解答。

怎麼界定韓國人跟華僑呢？

一位在韓國出生長大，也是台灣僑委會目前唯一在韓委員的叢湧滋，頂著一頭白髮，加上粗框眼鏡，流露出濃濃知識份子的氣息。在專訪時他不斷比手畫腳，希望讓我了解韓國華僑所受到的不平等待遇。

「其實朝鮮半島不斷有從中國地區移居的人民，所以在朝鮮半島內不少人也都是

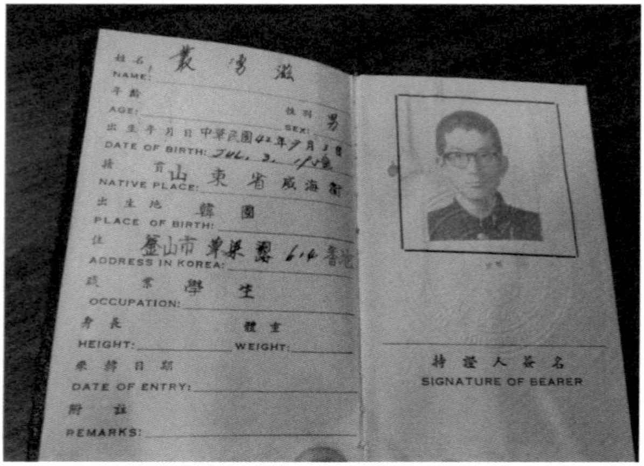

華僑登記證，大部分華僑都由山東省移居。

中國移民的混血『韓國人』。而華僑這個字，其實只存在約兩百多年，我記得應該是清朝李鴻章那時候才開始的。」叢委員一邊翻著在鐵盤上滋滋作響的烤肉，一邊慢慢地跟我講解韓國華僑的由來及歷史。

「其實就跟在國民黨撤退到台灣後的人被稱為外省人、而在之前移居過去的福建移民被稱為本省人一樣，在韓國大約就是以李鴻章時期開始，區分你是已經被韓化的韓國人，或是從中國移民過去的華僑。」一到這裡之後我才恍然大悟，更進一步地了解到韓國華僑的來由。在專訪時除了聊到華僑在韓國的歷史以及一些趣事之外，叢委員也跟我分享了他覺得台灣政府對他們不公平的地方。

韓國華僑的心聲：含淚守無戶籍護照還是放棄國籍？

因為時代變遷，韓國華僑身分的狀態也一直在變。韓國跟台灣在十幾二十年前，兩國人民都還是必須拿著護照，到各國簽證辦理處辦理簽證，然後才可以進入該國大門。但是韓國跟台灣的護照在這幾年來迅速增加了上百個免簽證待遇，讓民眾無論出國旅遊或辦公出差都很方便。但是因為韓國華僑所持的是無戶籍護照，跟一般公民拿的護照不同，他們並不享有一般護照的上百個免簽待遇，使得他們在許多國際事務上相當不方便，甚至有不少人因此放棄國籍。

叢委員皺著眉頭跟我說，「其實我的一個就讀韓國慶熙大學的姪子就是一個血淋淋的例子，他去年在學校爭取到了總共只有十個名額，並且是全額獎學金的美國知名學校交換學生的機會，大家都很羡慕他。但是沒想到最後他居然因為無戶籍護照的關係，沒有辦法前往美國，因為美國不會對無戶籍護照發放簽證，這對一個孩子的傷害有多大，你能想像嗎？」

韓國華僑前往大陸不是拿僑胞證，而是兩年一簽的通行證，帶給韓華相當多不便。

叢委員喝了口水，繼續跟我說了另一個因為無戶籍護照的問題，帶給華僑許多不便的案例：「一位在現代公司國際營業部任職的華僑，公司派他到中東出差，剛開始他不曉得所以直接飛到那個國家，落地後隨即被當地的海關扣留，說他的護照有問題是偽造的。」

叢委員拿起韓國特製的燒酒杯跟我乾了一杯後，繼續忿忿不平地說：「後來韓國現代公司的主管到海關作證，將他保了出來。他這才發現他的護照跟一般台灣人的簽證不同，所以他在下一次被公司派到歐洲出差前，特地辦了簽證。但人算不如天算，公司在他人在歐洲時因為忽然有事，要他飛到其他國家辦事，他因為沒有簽證結果去不了。最後這位優秀的年輕人含著眼淚放棄守了幾十年的護照，加入韓國籍了。」

我可以從叢委員的口氣中感受到他的無奈，我們兩個人又再喝了一口燒酒。「剛剛都是個案，跟你講一個全部韓華都會遇到的例子。」叢委員順手跟店員點了兩道小份的泡菜鍋後，繼續說道：「因為韓國跟加拿大兩邊已經簽訂免簽證的協議。而如果你拿的是中華民國國民的護照，前往加拿大也不需要申請簽證，所以在韓國的加拿大領事館已經撤除了簽證辦理處。這樣子我們這些需要辦理加拿大簽證的人就要跑到第三國（有加拿大簽證辦理單位的國家）辦理，而離韓國最近的第三國是在菲律賓。我們每次要進入加拿大就要先去菲律賓一趟！」在我聽完叢委員跟我分享的這些案例之後，心中不斷浮現一個想法：「如果是我，應該早就入韓國籍了吧。」

並沒有要求特別待遇，「只希望我們跟一般國民一樣而已」

在首爾的知名購物中心「明洞」，改建完工的中國駐韓大使館旁邊，幾間中式文具店的中間，座落著全韓國最大的華僑協會——「漢城華僑協會」。而在協會總部的旁邊，一間大型紅色中式屋頂的建築，門口還站有幾位韓國警察駐守，就是在一九九二年之前屬於台灣的駐韓大使館，而現在裡面的主人已經換人，掛上了對岸的五星旗。但因為華僑協會在韓國是屬於財團法人的私人機構，就算距離只有不到一條街，對岸政府也必須尊重。

在進入華僑協會辦公室後，隨即跟幾位負責事務的華僑交換意見。就在我拿著相機在辦公室內尋寶到處拍攝的同時，一位臉上滿是笑容、身材壯碩的大哥走了進來：「不好意思讓你久等了，我們到旁邊的會議室進行訪談吧。」原來他就是漢城協會第二十屆的會長譚紹榮，在我們噓寒問暖一番之後，專訪也就開始進行。

全韓國最大的華僑協會「漢城華僑協會」座落在首爾鬧區明洞。

相隔漢城華僑協會不到一條街的距離，就是中國駐韓大使館，一九九二年之前這裡是台灣的駐韓大使館。

譚會長在受訪時也不斷提到無戶籍護照對韓國華僑所造成的各種不方便，他還透露，不久前，有一位親台的韓國國會議員趙慶泰到訪台灣，當時還特別在面見前總統馬英九時為韓國華僑請命，希望政府提出辦法，改善無戶籍護照所受到的不公平對待。

漢城華僑協會第二十屆會長譚紹榮。

然而到目前為止仍然沒有顯著的改變，譚會長面露難色地跟我說：「我們並不是要台灣的醫療保險或是其他的社會福利，其實就是希望我們的護照可以跟一般國民一樣而已，這樣應該不過分吧？」

我簡單地將會長的意見寫下之後反問：「那你們在爭取這麼長時間之後，有沒有耳聞為什麼政府一直不做出改善呢？」譚會長苦笑一下跟我說：「有啦，有聽說過一種說法，說政府是害怕在泰緬邊界的無戶籍國民跟世界上其他相同狀況的人，也會要求同樣待遇，所以才遲遲不通過。」

其實在早期華僑要入籍台灣拿到身分證、並將自己的無戶籍護照換成跟一般國民一樣的護照（入籍）相對容易許多。但是在一九九七年香港回歸中國前夕，預估會有很多在港華僑遷入台灣，政府不希望全數接納從香港搬至台灣的無戶籍人口，因此變更了移民法，限制入籍的人數。

在這次的海外採訪中，華僑漢城協會的顧問楊德磐跟我談到入籍台灣的困難時，也不自覺地提高音量。他跟我說，他的大兒子就是在台灣政府針對無戶籍護照國民改變移民法的那年結束台灣學業，他兒子跟幾位朋友發現自己畢業後不能直接入籍台灣，便負氣回韓國。但他也說，他的大兒子現在也後悔了，因為現在要入籍更困難，尤其是除了剛畢業的學生之外，已經成家立業的韓華們，怎麼可能回到台灣坐一年「移民監」呢！[3]

中韓雙語人才需求漸增，韓國政府友善待華僑

因為韓國跟大陸簽署了自由貿易協定，韓國對中文人才需求漸增，除了聘用學習中文的韓國人之外，原本就會說中韓兩國語言的華僑也漸漸受到韓國政府重視。因此韓國除了在一九九八年金融危機之後開放許多限制政策之外，最近也開始推廣多元家屬的活動，希望可以讓更多有不同背景的人才留在韓國工作。

雖然朝鮮族跟韓國人是同一個民族，但是因為韓國人對朝鮮族刻板印象太深，所

以相較之下會中韓兩語的韓國華僑與朝鮮族，政府及企業都還是比較傾向雇用幾代都在韓國居住的華僑，而不是剛來幾十年的朝鮮族（當然有不少朝鮮族也活躍於韓國社會之中）。

華僑因為無戶籍護照不方便，再加上韓國政府友善的態度，有越來越多華僑放棄中華民國國籍加入韓國國籍。釜山韓國華僑總幹事劉國民大哥曾跟我說：「去年二〇一五年是歷年來最多人前來申請取消國籍手續的一年，一個月大概有三、四個人來申請，一年就有四十個人了。而且因為申請加入韓國籍的手續大概要一、兩年，所以我相信在接下來的這幾年裡，會有更多人放棄國籍，變成韓國人。」

「台灣政府小看了韓國華僑在海外的力量」

近年來因為台商在世界各地都有一定的影響力，尤其若有創造一定的就業人數，對於當地政治的影響力又大增。在地區長期扎根的華僑們，對當地的政商狀態可以有更完整的掌握。叢委員受訪時也跟我說了

漢城華僑協會刊物。

一個例子。在韓國前總統朴槿惠上任時，時任立法院院長的王金平受邀出席，但卻因為中國政府的打壓，不讓王金平一起上台祝賀。而和釜山華僑一直保有友好關係的韓國國會議員趙東濟，在得知消息後，隨即向韓國政府表示王金平是他的友人，是他邀請一起上台的，才讓代表台灣的王金平得以在朴槿惠的就職典禮上現身。叢委員感嘆地說：「這就是韓國華僑對台灣的貢獻啊，台灣都忽略了。」

韓國華僑在韓國已經存在了超過百年，甚至還有家族已經傳承到第六代子孫，並且仍然對台灣存有向心力，所以不希望放棄國籍加入韓國，一直以外國人的方式居留。人民對國家的貢獻絕對不是只有繳稅才是唯一的方法，無論是文化的影響力或是對於當地政府的影響等軟實力，絕對都是台灣在海外的一股力量。但現在有越來越多韓華因為護照不方便的問題，開始含淚加入韓國籍，對台灣在國際上的影響力來說，並不是一件好事。

1 中華民國無戶籍護照持有者，通常都是沒有在國境內設籍的華僑或華僑後代，而這本護照的效用與一般國民護照有許多義務及福利上的不同（如兵役及健保等差別）。

2 在韓國與中華民國斷交後，大陸人開始可以移居進入韓國。因此，通常華僑界會將大陸人歸類為新華僑，而一九九二年以前進入韓國的華人，則被歸類為老華僑。

3 這裡說的並不是入籍後必須服兵役的問題，而是在三十六歲除役後的人，希望入籍台灣仍須在台灣待一年的程序。

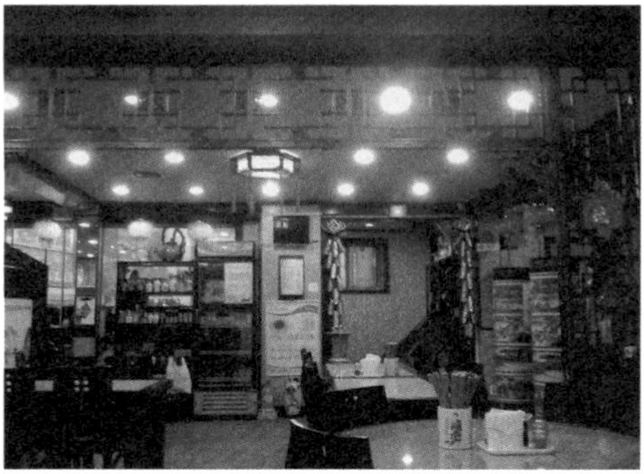

韓國各地都有中華料理，有許多是由華僑經營。

在隱士之國的喜怒哀樂

街上幾位操著中國口音的遊客，拿著相機到處瞄準拍照，快門聲此起彼落，希望將韓國仁川中華街（中國城）的景色全部囊括收藏，我也拿著GoPro相機到處取景。最後，在中華街的轉角，發現了之前約訪說好的記號——一面大廣告上，黑臉包青天拿著中式甜點「空心餅」，相當引人注目。而在招牌下方的攤販旁，一位戴著帽子的華僑大哥看到拿著相機的我，隨即認出我來：「是楊記者嗎？快進來吧！外面很冷的。」

這位身材精瘦、表情幹練的王來順，是我在台灣採訪的韓華介紹的朋友，因為韓國華僑的圈子不大，在互相介紹之下都很熱情地給予幫助。這間位於仁川中華街上名為「神」的糕餅店，是王來順和另一位華僑承租下來的。在我到訪店舖時，除了原本一樓的店舖之外，隔壁及二、三樓

位於仁川的中華街。

仁川中華街上，名為「神」的糕餅店為王來順所承租。

都正在改建，有雄心壯志的他，準備趁著仁川政府整建仁川吸引中國遊客的同時，開一間中大型的中式快餐店，在中華街上拓展事業版圖。王來順大致帶我參觀他的餅店之後，拿了兩張塑膠椅坐了下來，泡了兩杯咖啡，開始跟我分享他的人生故事。

「誰說韓國華僑團結的？」

「其實這裡以前並沒有現在繁榮，在韓國發現這裡是大陸遊客的熱門景點之後，開始整建一些硬體設施，讓這裡更有味道。現在一些大飯店跟商家就開始進來了，我也是要進來施展一下身手。」王來順笑嘻嘻地說：「之前這裡並沒有這麼好的發展，我想你應該也知道，早期韓國政府根本是希望華僑離開韓國，跟現在包容的政策完全不一樣。」

我馬上回應：「是啊！我有聽說，但大家都說那時候因為大環境不好，所以華僑們都滿團結的不是嗎？」王來順一愣：「哪有！誰說的？華僑根本不團結，內鬥相當激烈啊！」聽到他的回應後我也一愣：「喔！但之前的受訪者都說韓華被韓國人欺負的時候滿團結的啊？」

王大哥笑了一笑回答我說：「當然啦！跟韓國人比的時候當然必須團結，不可能跑去加入他們吧？但是韓華自己內部鬥得真的很厲害。」「說不好聽一點，你有聽過『狗藏私』嗎？那時候因為被韓國壓迫，所以很多人都過得不好，必須自保，常常有勾心鬥角的事情發生。我不說其他地方，就我知道的，仁川鬥得相當嚴重。」

王來順喝了一口半涼的咖啡後繼續說：「你也知道，因為仁川是重要的港口嘛，很多進出口都在這裡，所以這裡的利益關係也相對比較複雜，自然就會互相鬥爭了。」可能是因為看多了韓國的黑社會電影，所以自己也好奇地問了王大哥：「那華僑在仁川或是韓國會有幫派組織嗎？」王大哥聽了馬上回答：「沒有啦！都是小爭小鬥而已，不會到有組織犯罪這種大規模。」

新僑與老僑之間的愛恨情仇

在大致了解韓國華僑在仁川的狀況後，因為韓國近年來有越來越多的新華僑（一九九二年台韓斷交後，從大陸進入韓國居住的華人）進入，所以也問了新華僑與老華僑在仁川相處的狀況。

「大致上其實雙方互動沒有什麼問題啦，你看我店裡都是大陸來的員工啊，大家都還是滿互相包容的。」話鋒一轉，王大哥指出：「但是我是有聽說過，有少數的新華僑對我們很鄙視，甚至會叫我們『漢奸』或是『韓國人的狗』等比較激烈的字眼。」我感到不可思議地回

位於仁川的中華街也有不少台式小吃。

應：「哇！這麼強烈喔？為什麼呢？」王大哥點了根菸慢慢說：「他們很多人都會說『早期我們在大陸苦的時候，華僑都跑掉了』等等，所以對華僑才會有這些激烈的言語。」

因為早期韓國政府政策的關係，華僑處處受限制，所以華僑在韓國大多是開中華料理店維生。但也有不少華僑在讀書時期專攻醫學，畢業後不需當別人的員工，籌錢自己開業，如韓醫（中醫）、牙醫等診所，雖然無法致富，但還算過得去。也有一些華僑得到貴人相助，在韓國如此競爭且排外的地方，佔有一席之地。

韓華在異地的血淚奮鬥

一月的首爾，因為受到中國大陸北方寒流的影響，除了時常下雪外，溫度都會到零下十度左右，只要站在沒有暖氣的地方，不到一分鐘，臉頰跟手指都會開始感受到疼痛。在計程車阿揪西（大叔，아저씨）載我到汝矣島之後，發現在這個首爾金融中心的中午用餐時間，上班族個個穿著漿燙的襯衫加上一件厚厚韓版大衣，三三兩兩有說有笑地正要前往餐廳用餐。

漢城華僑協會的楊德磐顧問，同時也是家電子儀器貿易公司的董事長。

這是採訪華僑的行程中，第一次來到外表光鮮的大樓。我抱著懷疑的心情，拿著地址問了一下大樓管理員，確認地點正確後才搭電梯上樓。在進入辦公廳的大門後，一位西裝筆挺、滿臉笑容的中年男子從最裡層的房間走出來，「楊記者嗎？來來來，進來辦公室談吧！」原來這位大哥就是跟我約好的受訪者楊德磐顧問。

楊顧問除了是漢城華僑協會的顧問，也是一家電子儀器貿易公司的董事長。在韓國政府長期打壓華僑的背景下，要在一九九八年韓國政府改變態度到現在短短不到二十年的時間爬上一間大公司董事長的職位，是難上加難。而楊顧問的遭遇則跟一般華僑較為不同，他也熱心地跟我分享了他的異鄉打拚奮鬥史。

「台灣的朋友幫了很大的忙」

「我是運氣比較好啦！還有一些好朋友幫忙，我才可以坐到現在這個位置。」楊顧問謙虛地說：「我讀完華僑學校到台灣讀台大，然後在台北新店一家跟美國通用器材合作的電子公司上班，然後再回到韓國加入一家由華僑創辦的大企業『森美洋行』上班。結果後來在台灣認識的朋友幫我跟美國通用器材牽線，讓我正式以華僑的身分踏入韓國電子產業圈。」楊顧問笑笑地說：「說真的我剛回來韓國時也是到處面試、考試，都沒下文啊！因為你是華僑、是外國人，他們為了省麻煩也不信任你，通常都不會用你，更不用說把重要的案子交給你做。所以真的，我很好運，朋友幫了很大的忙。」

但楊顧問也不是一路順遂地爬上公司董事長的職位，他也遇到許多華僑遇過的低潮。在受訪時他提到，當時朴正熙為了降低華僑在韓國的影響力，利用幣制改革的方式來「整頓」韓國偏向華僑的經濟。「我記得有一部很有名的韓國電視劇《第五共和國》裡有一幕，朴正熙問他的幕僚說：『為什麼我們國家的經濟一直在成長，但是國民的生活水準還是不好？』他的幕僚回答他：『因為大部分的錢都被華僑賺走了，我們要改變狀況就必須進行幣制改革，改變國家的經濟生態。』也就是因為這樣，韓國進行了幣制改革，大家都要拿舊幣去換新幣，但每個人換的額度有限，所以很多華僑長久以來存的錢就這樣憑空消失了。」

朴正熙幣制改革：華僑多年儲蓄一夜成空

楊顧問喝了一口韓國特產的柚子茶後繼續說：「我的姊姊嫁給一個專門供應中華料理店原料的雜貨舖家庭，他們在幣制改革之前在華僑界是數一數二的有錢。但是在那之後，因為存款現金全部都被幣制改革弄掉了，雜貨舖的老闆也像伍子胥一樣一夜白了頭，最後心灰意冷離開韓國，移民美國。」

另外，楊顧問也跟我分享了他做生意因為華僑身分所遇到的問題：「韓國銀行裡有一個利息比較高，專門存錢的戶頭『儲蓄存款』，很多公司都會存錢到裡面生利息。我生意比較成功之後也在那裡存錢，但有一天跟我們合作一段時間的銀行打電話來，直接跟我說：『我們發現你是外國人，你不能用這個韓國人專用的銀行。』所以硬是把我踢了出來，但後來大家反應後也就改掉了。」

其實那時候在韓國因為銀行體系對華僑不友善，華僑自己都會組織「信用組合」

位於仁川的中華街。

的私人金融機構，而且利息都比一般銀行還要高，所以許多華僑都會把錢存到信用組合裡。但也因為這種體制外的私人金融機構沒有保障，也發生過不少惡性倒閉的案例。一位現在在台灣開餐廳的韓國華僑也曾跟我說，他的家族就是在仁川信用組合被惡性倒閉時虧掉了大部分家產，家庭狀況一夕變色。

韓國華僑大多都是因為大陸戰亂（軍閥戰爭、國共內戰等）而離鄉背井來到他鄉居住，經歷了韓戰時期逃難、朴正熙的反華僑政策、一九九二年台韓斷交的徬徨期，一直熬到一九九八年因為發生金融危機，韓國政府才改變態度歡迎華僑。在這個大時代的洪流中造就了不少家族的更迭，有的人移民台灣、美國等地尋找新生活，但也有很多人選擇繼續留在韓國打拚，以不屈不撓的精神，闖出屬於自己的一片天地。

少了點韓國味的台灣「韓國街」

若沒有刻意擺上韓文標語，不容易發現這裡是韓國街。

飄著細雨的傍晚，來到了跟韓國華僑張大姐約好的永和韓國街（中興街）。因為提早約一個小時到達，所以先在這條聞名遐邇的街上來回走了幾趟，但卻發現這條台灣唯一的韓國街，很難感受到想像中的「韓國味」。

在這條狹窄騎樓的街上，只剩三三兩兩的韓國雜貨食品店，還有幾家販賣貌似韓國九〇年代服裝的店舖，跟想像中的專賣酷炫韓流的服飾店，或到處是韓式炸雞、烤肉店的「韓國街」有很大的不同。雖然在幾間商店旁邊貼有教導韓文字的看板，看得出來有人試圖想要打造這條街道，但我認為，目前這些行銷包裝，對於一些慕名而來的韓流迷來說，應該起不了太大作用。

永和中興街就是韓國街的所在地。

跟其他國家不一樣的台灣韓國街

在世界上不少國家都有所謂的「韓國城」（Korea town、Little Korea或Little Seoul），其中中國、日本和美國等地都有以韓國移民為主的聚落，規模從幾萬到數十萬都有。在這樣的聚落裡最常看到的就是以韓國料理為主的商店街，甚至有些地方連招牌都是以韓文及當地語言雙語來標示，讓人有置身韓國的感覺。但台灣的韓國街則比較特別，在這並不是以韓國人為主的據點，而是從大陸山東移民到韓國、再移民至台灣的韓國華僑，使得台灣這條韓國街跟世界上其他地方的「韓國城」，顯得很不一樣。

張逸蓁大姐的韓國食品雜貨店。

而這條以「韓國街」為別名的中興街，位於新北市永和頂溪商圈的中心，在八〇年代到九〇年代一直是韓國華僑遷移來台後的聚集地之一。因為早期韓國華僑常以跑單幫的方式，將潮流商品由韓國、日本或香港等地帶回台灣販賣，久而久之讓這個區域成為富有異國風味的社區。也因為韓國華僑都操著一口流利的韓語，讓這條街道有了「韓國街」這個別名。

跟我約好採訪的張逸蓁大姐二十多年前從韓國華僑學校畢業後，前往日本發展了五年，然後到了這條台灣的韓國街幫忙親友打理服飾店。而因為時代更迭，在十二年前她把從家族手中接過來的服飾店改成食品雜貨店，並且開始了韓國食品代理商事業，在台灣的韓國料理界頗負盛名。

步入張大姐的韓國食品雜貨店，滿滿的韓國商品映入眼簾，泡麵、燒酒、人蔘，還有各式各樣的物品，使我一度誤以為來到了韓國的南大門商家。跟大姐寒暄了幾句，一起走到便利商店點了杯咖啡，張大姐就帶我進入了韓國華僑們在這條街上幾十年的打拚奮鬥興衰史。

「沒辦法啊！政府沒有計劃，現在這裡韓國華僑的商家也不想要改變，賣的都只是一些老舊款式的衣服或是韓國零食，沒有太大的企圖心。很多來到這裡購物的台灣人都會問我：『這裡真的是韓國街嗎』，我都不知道該怎麼回答才好。」

在這裡走跳超過二十五年的張大姐話鋒一轉，臉上帶著一絲驕傲的神情跟我說：「韓國街這裡大概總共有三十五年的歷史了，以前這裡可是相當繁榮喔！大家搶著要進來這裡開店，過去在這裡租一間小店面，店裡什麼都沒有，只有一支電話，權利金要一百萬台幣，租金還另外算！那時候這裡至少有一百三十間左右韓國華僑開的店，現在我看應該只剩下十幾間了。而且現在整條街就有三家便利商店，以前是不可能的，我們那時候很保守，外人是進不來的，只要一有風聲說有店家想要頂讓，馬上就會有其他店家的親戚說要承租。」

曾經繁華一時的韓國街

看著張大姐興奮的神情，我腦中也開始想像起中興街上，店家的門口前堆著一落一落裝滿各種衣服及貨物的箱子，人來人往的街上大家正在喊價殺價，前來訂貨的中盤商手裡拿著大把鈔票，希望把這些稀有的舶來品買回去，再轉賣給當地的消費者，大撈一筆。

「其實這條韓國街最早是在後面的勵行街跟竹林路，到後期大家才慢慢搬來中興街的。那時候我們這裡的衣服、貨物都是全台灣最新的，其他台灣商店都會跑來這裡批貨。那時候貨物一批一批進來，馬上就賣得一乾二淨，相當繁榮啊！」張大姐開心地跟我分享當時韓國街錢淹腳目的狀況，讓我越聽越感興趣。

韓華張逸蓁看盡韓國街的興衰起落。

看我聽得津津有味，張大姐繼續說下去，「那時候大家跑單幫，都愛買台灣沒有的東西來賣，韓國的毛毯、外套棉襖啊，還有香菇跟人蔘真的很好賣，也這樣一傳十、十傳百，越來越多人來開店，甚至還有一個店面隔成兩個門頭（兩間商店）做生意的。結果到後面賣的量漸漸變大，所以我們韓國街的店家還找了一家特定的進出口商幫我們送貨，大家互相幫忙，一起賺錢。」說著說著大姐臉上不自覺地露出懷念過去美好時光的神情，「你知道嗎？通常在有醫院的街上，是很難做生意的（中興街上有一家永和耕莘醫院）。但是我們華僑在這裡就是拉著親朋好友一起進來，越來越熱鬧之後大家也不忌諱醫院了。」

「那是到時麼時候這裡才開始走下坡的呢？」我好奇問道。張大姐喝了一口咖啡，緩緩地說：「有啊，有幾次不同事件發生後才這樣的。在大約十八年前，加拿大政府開放了一年外國移民機會。很多這裡的韓國華僑，那時候都已經賺了不少。當時股票賺錢、店面也賺錢，結果大家就都去辦移民。我舅舅去辦、隔壁店家的朋友也辦，結果一年之後移民單下來，中興街的華僑走了將近一半。」我感到驚訝：「喔！所以他們不是遇到挫折走掉的？」

「對啊，大家都很團結，只是人各有志嘛。」

詐騙集團令韓國街一蹶不振

「但說真的還有一次讓整條街都陷入愁雲慘霧，那在二〇〇三年左右，那是最慘的一次。當時有一群詐騙集團過來，韓國街很多華僑的商店都被騙，我想整條街被騙了有上億台幣喔！」張大姐瞪大了眼跟我說：「不瞞你說，我那時候絕望到想去跳碧潭橋，認為這裡根本無法繼續待下去了。當時也有很多店家因為這樣一蹶不振，都移民到其他國家去了。」

張大姐喘了口氣後又補充說：「後來我才好不容易慢慢爬起來。然後在大約十二年前，服飾店的生意毛利越來越少、松山五分埔等地方也慢慢起來了，所以我決定改行做食品的生意，很多店家也紛紛離開。所以一直到現在，韓國華僑在這裡的數量越來越少，都走光了。」一聽完張大姐的故事後，我反問：「那你們這裡沒有互助會的組織嗎？大家不會想趁著這次韓流的熱潮，再次打響韓國街的名號嗎？」

大姐笑了笑跟我說：「這裡是有一個韓華工會，會長也不斷在幫我們跟地方政府要求預算宣傳這裡的特色，但說真的，成果很有限啦。」張大姐撥了撥頭髮後繼續說：「我很早就跟他們（工會）說，我們應該要在中興街的街頭設一個像是樂華夜市一樣的大型看板，讓大家知道這裡就是韓國街，但是到現在都沒有下文。一直這樣下去的話，這裡很難會有起色的。」張大姐語重心長地說：「現在這裡的韓國商店大多都是第一代、第二代一起做，但是很多人也都慢慢不做了。說實在的，接下來我們第二代要把店傳給第三代的人是少之又少，大家不會希望他們（後代）跟以前的我們一樣辛苦。」

台灣人的大小眼

在跟大姐談了不少韓國街的興衰之後，也開始閒話家常，聊聊韓國華僑在台灣養育小孩遇到的趣事。「因為我跟我的小孩都講韓文或日文，所以他小時候去學校到處跟同學和老師說『我媽媽是韓國人』，結果他們都很興奮想要跟我見面。」我回覆大姐說：「是啊！台灣人很多哈日哈韓族。」

「是啊！但是你知道嗎？我也很常受到不好的對待。有一次在坐計程車我用山東話講電話，司機等我掛完電話後用很不好的態度問我：『妳是大陸來的啊？妳嫁過來很久了嗎？妳拿到身分證了嗎？』我馬上回他說：『我幾十年前就拿到身分證了，關你什麼事！』」從張大姐氣憤的表情中，讓我回想到之前採訪的幾位韓華，不少人都有過類似的遭遇，可見這應該不是個案。

台灣的韓國街榮景漸漸遠去，雖然街裡的一些韓華還是有野心想將過往的繁榮再度帶回來，但是時不我與，沒有地方政府的推動幫忙，困難重重。在台灣其實除了韓國街之外，中和南勢角附近也有一條以緬甸華僑為主的緬甸街。在各縣市不同地區也有很多以東南亞移工為主的區域，其實若經過一定的整建，打造成有特色的異國風街道，吸引更多的人氣和買氣應該不成問題。

落地生根的半島移民

踏入位於台北市忠孝東路鬧區附近的一間公寓之前，在門外就聽到屋內熱鬧的談笑聲，可以聽得出來說話的口音與台灣的中文口音不同。進入公寓之後，一位笑容滿面的婦女熱情地對我說：「快進來吧，我找了我在韓國華僑學校的同學們來一起聊聊天，進來吧。」這位熱情的張紜芸大姐是我研究所許同學的母親，許同學全家在數十年前從韓國移居台灣後，就在台北扎根了。為了這次的專訪，許同學與她母親特別找來了另外六位從韓國移居來台灣的韓華們一起受訪，許同學也帶著她仍在牙牙學語的小孩來湊熱鬧，讓整間屋子相當熱鬧。

在這段時間採訪的韓國華僑們，每個家庭、每個人都有自己獨特的故事。無論是從大陸因為戰亂逃到韓國，或是在韓國遭到歧視後決定移居台灣，每個家庭背後都留有大時代洪流沖刷的痕跡。韓華們為了生活，不得不離鄉背景，又或者是因為時空變化，漸漸地習慣了遷移。

時至今日，移民到台灣的韓國華僑們也來到第二代或第三代，而他們現在是否已經習慣了台灣的生活，或是他們還是將這裡當成一個中繼站，準備再往下一個地點前進、繼續遷移？

進入屋內結束自我介紹、跟大哥大姐寒暄一陣子之後，話匣子也漸漸打開了。「我們幾個以前都是讀釜山中學出身的，大家都是好同學，所以現在來到台灣我們幾個也都會時不時相約出遊，大家的感情都很好。」一來到台灣數十年、退休的國中老師王承偉帶著山東腔對我說：「我們幾個大多都是在韓國讀完國中或高中之後來到台灣的，而我們的父母親大多都是在二戰結束前，或是國共內戰的時候過來台灣。」

時代的大江大海將韓華沖到韓國

「所以各位的父母親都有在韓國經歷過韓戰嗎？」聽了王承偉的話後，我隨即反問：「當時大家因為戰爭所以往韓國南部逃難嗎？」王承偉回覆我說：「全部往南跑，但也有不跑的，像是我叔叔，他就留在漢城沒有跑。結果北韓軍隊來之後，就在他家的門口註明他是中國人，於是沒有像韓國人一樣被北韓軍隊欺負。」王承偉揮舞著雙手越說越興奮：「但是其實那時候很多在南韓的韓國華僑，都被徵召去幫南韓軍隊，現在仁川還有紀念華僑貢獻的功德塔呢！」

坐在一旁的辛正芳見我聽得入迷，也分享了她父母的故事給我聽：「我父母兩個人是在韓國認識的。我母親那時候到韓國旅遊，而我父親跟他的兄弟原本就經常往來大陸跟韓國做生意，但是忽然發生六二五戰爭（韓戰），全部的人都無法離開韓國，被迫跟自己在大陸的家人分離。」我聽了之後瞪大眼問道：「他們在過去韓國之前完全沒有徵兆嗎？」辛大姐說：「沒有啊！那時候沒有人知道會打仗，也因為這樣他們才開始在韓國成家立業。」聽著辛大姐說著自己家庭的故事，我不禁想著，戰爭除了惡狠狠地撕裂了不少家庭，但也陰錯陽差地將原本沒有一點關係的人，連結在一起。

妻子同樣也是韓華，一起到台灣做生意已數十年的初寶棣跟我說：「其實最早一代或在韓國第二代的華僑，像是我們的父母們，就算在那裡待了一輩子，都不可能會認為自己是韓國人。尤其早期常受韓國政府欺負，所以都會認為留在那裡只是暫時的。甚至如果我們當時想跟韓國異性交往或結婚，還很有可能會鬧家庭革命。老一輩的韓華其實很反韓，他們都希望搬到台灣，落葉歸根回到自己的國家，不想留在那裡受外國政府欺負。」

「你是陸客！」被台灣社會排除在外的次等公民？

初寶棣話鋒一轉，跟我分享起他移居過來台灣後的心得：「以前台灣（經濟）還很厲害的時候，看不起韓國人，所以認為我們是韓國人。但現在我們在路上說山東話（多數韓國華僑的祖籍是山東），會被說是阿六仔（大陸移民），對我們的態度相當差。」聽到初寶棣如此說，一旁的大姐們點頭如搗蒜。坐在初寶棣旁邊的姜淑枝跟著說：「在百貨公司買東西的時候，只要我們是用山東腔的國語講話，那邊的櫃姐連睬都不睬你，但是如果你一進去就說韓文的話，態度會有一百八十度大轉變，你想要試用什麼、想要待多久，她們都很歡迎。」

在我快速地將這些遭遇記錄下來後，初寶棣笑笑地問我：「你應該也已經知道韓國華僑無戶籍護照的問題了吧？其實我們韓國華僑內部有一個笑話，這個無戶籍護照就像是台灣政府將我們看成次等公民的最佳寫照。」我喝了一口桌上的熱茶回覆：「喔！怎麼說呢？」「現在韓國華僑拿的無戶籍護照，在內政部裡的編號是『全』字，而來到台灣讀大學的僑生是『臨人』字，最後拿到身分證入籍的才是跟大家一樣的『人』字。所以我們就開玩笑地說，在韓國的時候台灣政府把你當作『犬』（全），到台灣讀書時變成『暫時的人』（臨人），最後入籍之後才把你當成『人』看，很心酸的。」

韓國華僑在台灣也已生根，成為台灣國民。

許同學的母親張紜芸也說：「以前政府很照顧華僑，但現在就不一樣了。甚至很多台灣人都不知道什麼是華僑，只要聽到我們說國語的口音，就會很直觀地說我們是陸客。但他們不知道的是，我們回到台灣已經很久了，甚至都已經有下一代了，只是我們卻一直被社會排除在外，感覺非常差。」

隔代異地的韓華大不同

在台灣的韓國華僑至今大多都已經有了第二代，甚至還有可能有三代同堂的盛況，但每一代對台灣、韓國以及大陸的感情卻有不一樣的詮釋。在這次的採訪中，我也特別問到了這個比較敏感的話題，

「各位大哥大姐搬來台灣這麼久了，對自己的國家認同有沒有改變呢？」張大姐馬上跟我說：「沒有改變，我們一直以自己是中華民國國民為傲。」

我又繼續追問：「那大家對大陸跟韓國的看法是什麼呢？」坐在一旁的王承偉隨即接話：「我個人是把韓國當成第二個家。而相對於我的父母親，我對大陸的情感沒有他們來得深，因為我是在韓國出生長大的嘛！」王承偉提高音量說：「但是如果大陸跟韓國在體育賽事上較勁，我還是會支持大陸隊贏，在民族認同上還是偏向大陸的。」

在訪談過程中一直照顧小孩的許同學馬上表達了自己相反的意見：「但是如果你問我的話，我會說我支持韓國隊耶！」聽了許同學這麼一說，我點了點頭在心中想著，在台灣出生長大、接受國語教育，且不會說韓文的許同學對韓國以及大陸的想法，跟她的父母相比，感情軌跡完全不一樣。

坐在一旁的大哥大姐聽了許同學的話後也說：「對啦，因為在台灣出生長大的韓華小孩受到的是台灣教育，對大陸客或是對岸的印象都不怎麼好，對大陸的感覺自然就比較差囉。」根據這一段時間的採訪與觀察，我發現，在韓國遇到的韓華對中國的印象大多偏向正面，而在韓國或在台灣出生長大的韓華則完全不一樣，對於這些地方的情感，出現了兩種截然不同的想法。

幾代韓國華僑就如同這幾位受訪者所言，從剛開始在韓國被視為外國人，後來抱著回祖國的心情來到台灣後，卻也處處被人排斥，無論是剛開始被認為是韓國人或是現在被說是陸客，都讓他們備感挫折。

但不管是擔任過教職、做了生意或是開起餐廳的韓華們，現在也成功地融入了台灣社會，雖然不時還是會有摩擦，但漸漸地，也跌跌撞撞地在這裡建立起一個屬於自己的家了。

國家圖書館出版品預行編目 (CIP) 資料

最陌生的鄰居:韓國 / 楊智強著. -- 初版. --
新北市：臺灣商務, 2018.09

320 面；14.8 x 21 公分

ISBN 978-957-05-3164-0(平裝)

1. 文化 2. 報導文學 3. 韓國

732.3　　　　107012580

人文

最陌生的鄰居：韓國

作 者一楊智強
發 行 人 一 王春申
總 編 輯 一 李進文
編輯指導 一 林明昌
責任編輯 一 張召儀
校　　對 一 楊智強　張召儀
封面設計 一 海流設計
美術設計 一 陳語萱 Ivy

業務經理 一 陳英哲
業務組長 一 高玉龍
行銷企劃 一 葉宜如
出版發行 一 臺灣商務印書館股份有限公司
23141 新北市新店區民權路 108-3 號 5 樓（同門市地址）
電話◎ (02)8667-3712 傳真◎ (02)8667-3709
讀者服務專線◎ 0800056196
郵撥◎ 0000165-1
E-mail ◎ ecptw@cptw.com.tw
網路書店網址◎ www.cptw.com.tw
Facebook ◎ facebook.com.tw/ecptw

局版北市業字第 993 號
初版：2018 年 9 月
印刷：禹利電子分色有限公司
定價：新台幣 380 元
法律顧問一何一芃律師事務所